*Archaeology Square 9

カナダ
北西海岸の先史時代

Prehistory of
the Northwest Coast of Canada

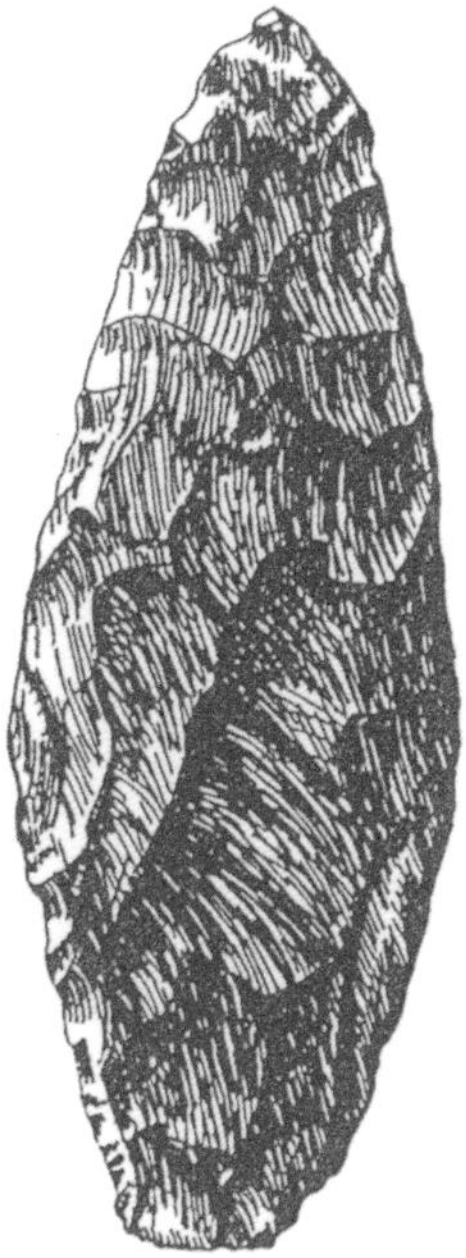

関　俊彦
Seki Toshihiko

六一書房

目次

プロローグ

ふつう、アメリカの北西海岸域というと、カナダのブリティッシュ・コロンビア州北部からアメリカのワシントン州、オレゴン州南部まで、およそ二一〇〇kmをさす。

一般に太平洋岸といったばあい、多くの人たちは明るいというイメージをいだくであろう。しかし、ブリティッシュ・コロンビア州北端のアレクサンダー諸島の大きな港町シトカから南下すると、森で埋めつくされた島々、灰色がかった岩山、山頂は雲で覆《おお》われ、雨が多く、冷たい風の吹くこの一帯は陰鬱《いんうつ》に映るときもある。

奥深くまで入り組んだ入り江は、氷河により両岸が高い絶壁をなし、陸地までU字形の谷がつづく。ここは、人間の踏み入れを阻《はば》んでいるのであろうか。

ただし、フィヨルドの一部は河川の源となって人々とのつながりも深い。

たとえば、スティキーン川、スキーナ川、フレーザー川、コロンビア川、クラマス川といった大河川は大量のプランクトンを太平洋に運び魚介類をはぐくむ。そして春と秋にはサケの大群がのぼり、この地域の人たちに豊漁をもたらす。

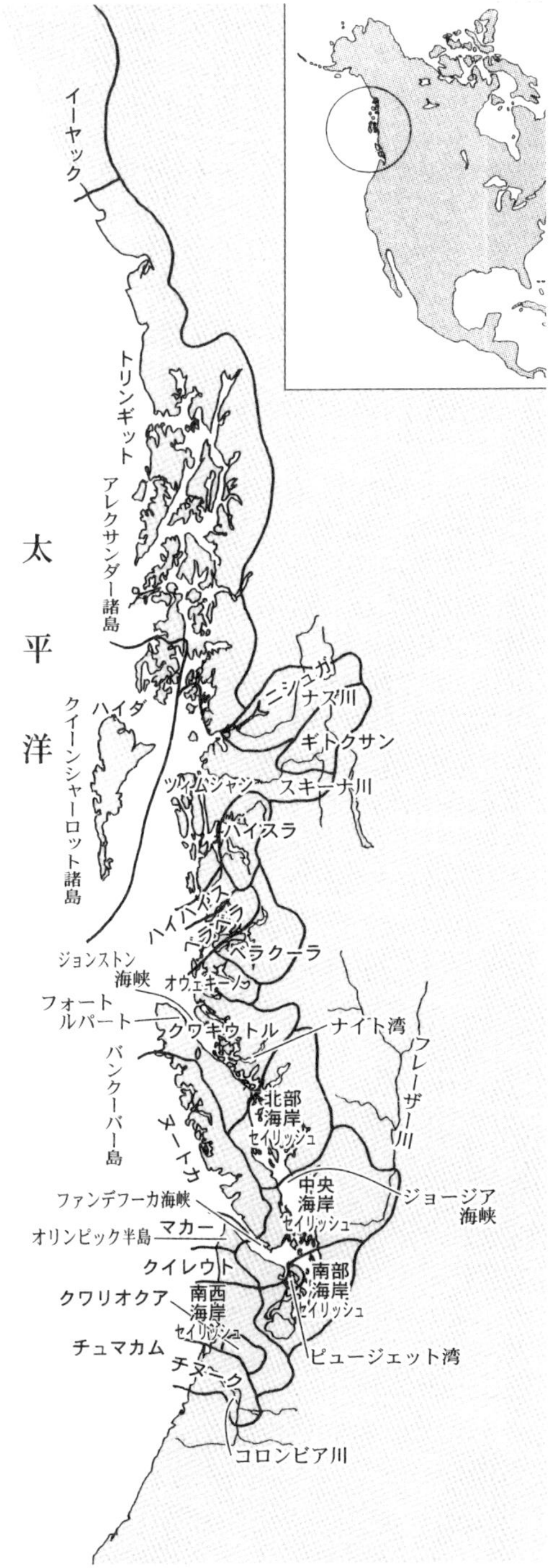

図1　ブリティッシュ・コロンビア州内の先住民の生活域

大陸の内陸部も深い森で覆われ、入り江、河口域、岩礁などの場所は、先住民にとって比較的に住みやすかったらしい。

ただ、外海の太平洋は荒れ狂う世界で、超自然の魔物がひしめくといわれ、捕鯨にたずさわる者いがいは恐れていた。

およそ、一万五〇〇〇年前の北西海岸域は氷原だった。しかし、温暖化が進むとしだいに氷河が後退し、小さな植物が生えると動物が姿をあらわれ出した。

人間が初めて、この自然環境の進化を眼にしたのは、約一万年前のことである。

一八世紀後半にヨーロッパ系の探検隊が、北太平洋沿岸で見聞した記録をみると、人々はシダーの樹皮の内側の軟らかな部分で編んだ衣服を身につけ、シダーの板材で建てた家に住み、太い木を刳《く》り抜《ぬ》いた大きな丸木舟で往き来し、食べ物は海洋資源に頼っていたとある（菊池・益子訳　一九九〇）。

では、一七世紀以前の北西海岸一帯に暮らした人たちのことはわからないのであろうか。ごくわずかであるが、先住民の使った品々の一部を各博物館でみられる。また、発掘された考古資料を展示している館もある。

本書では、いまから数千年前、あるいは数百年前の人々の生活像を描いてみる。いきなり数千年前の過去を語る前に、北西海岸域で生活していた一八世紀から二〇世紀初めの先住民を断片的にまとめてみたのが、拙著の『カナダ北西海岸域の先住民』二〇一八年と『カナダ北西海岸民の生活像』二〇一九年である。

彼らの伝統文化が、いつごろまでさかのぼれるのだろうかと思い、数冊の本とそれにかかわる論文を読んでみた。

あるモノは、先住民が創造し、形づくったものもあるが、断片的とはいえ紀元前までたどりつくモノもある。

人がモノを創り、改良し、よりよい道具に至るまでには持続的な努力がそそがれ、成熟した社会や文化をはぐくむには多くの時間がついやされたこともわかった。

これらが世代から世代へ受け継がれたのは、なぜか。また、反対にその時代でとだえてしまった原因は。こうしたことを考えながら紀元前とその後に生きた人たちをくらべてみると、北西海岸域の居住者らの歴史像がふくらむような気がする。

そこで参考例を二、三紹介してみる。

図２の唇飾りを付けた若い女性像は一七八七年にハイダ・グアイ島で描かれた

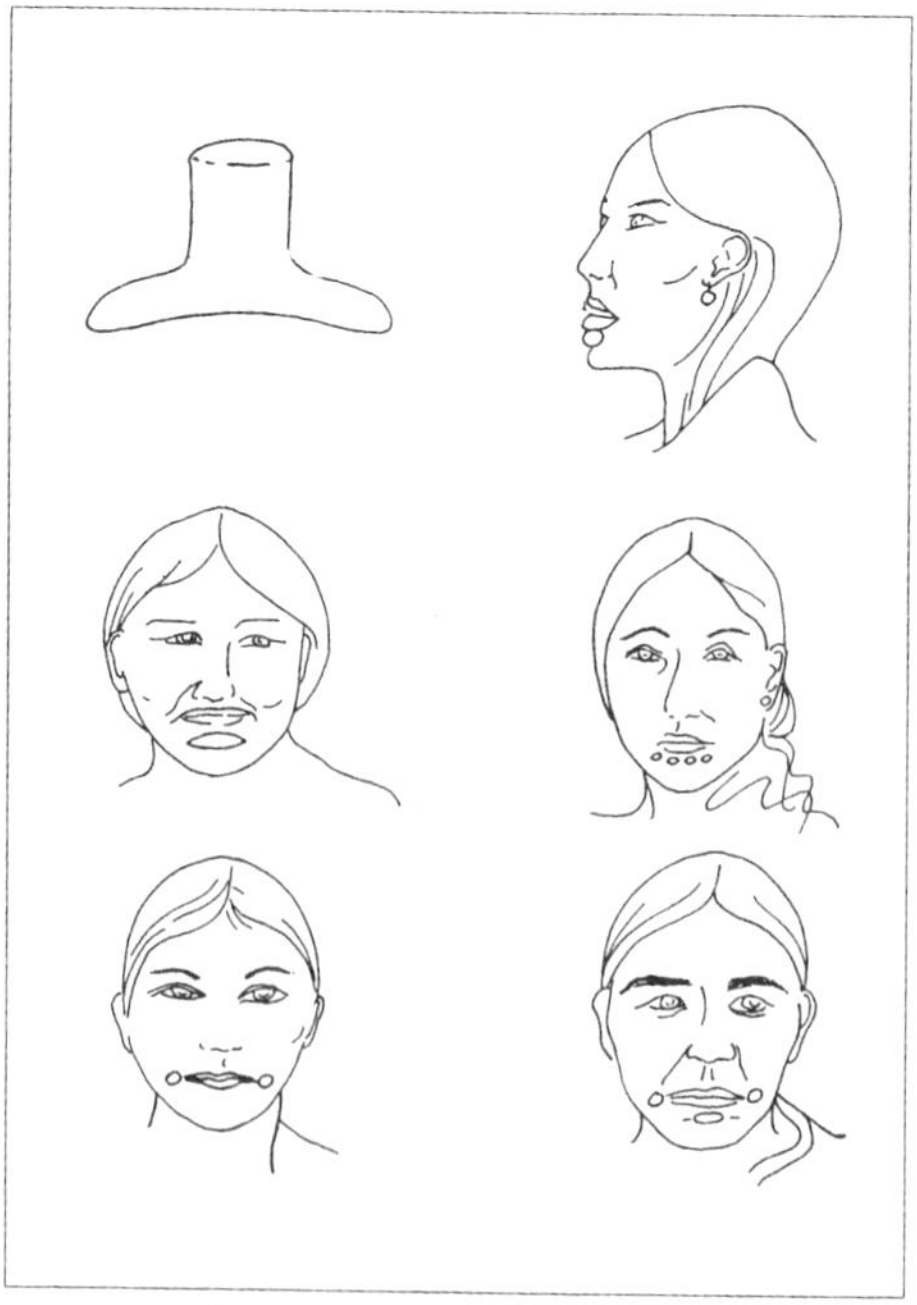

図２　右は若い女性が唇飾りを付けている。左は唇飾りと口のまわりに入れ墨をほどこした例。

ものである。身分の高い家柄で、ゆるやかで長い服を着ている。思春期になると少女たちは唇飾りを付け始め、高貴な人はだんだん大きな木製のものに変えていった。

左のイラストは、唇飾りと口もとに入れ墨をほどこしたもので左右に、あるいは唇の下に彫った例である。女性の唇飾りの大きさは地位だけではなく、出産した子供の数とも関連したり、入れ墨も同様だったりともいう（『カナダ北西海岸民の生活像』参照）。

唇飾りはセーリッシュ海域に出現した紀元前四〇〇年ころから栄えたマーポール文化にみられる。この文化の終末の紀元後四〇〇年くらいの遺跡からも出てくる（本書の第二章参照）。

北西海岸域の居住者は《漁撈の民》といわれるだけあり、海の幸の知識には精通している。彼らは魚や海獣の習性を知り尽くし、獲物によって捕獲具を使いわけている。

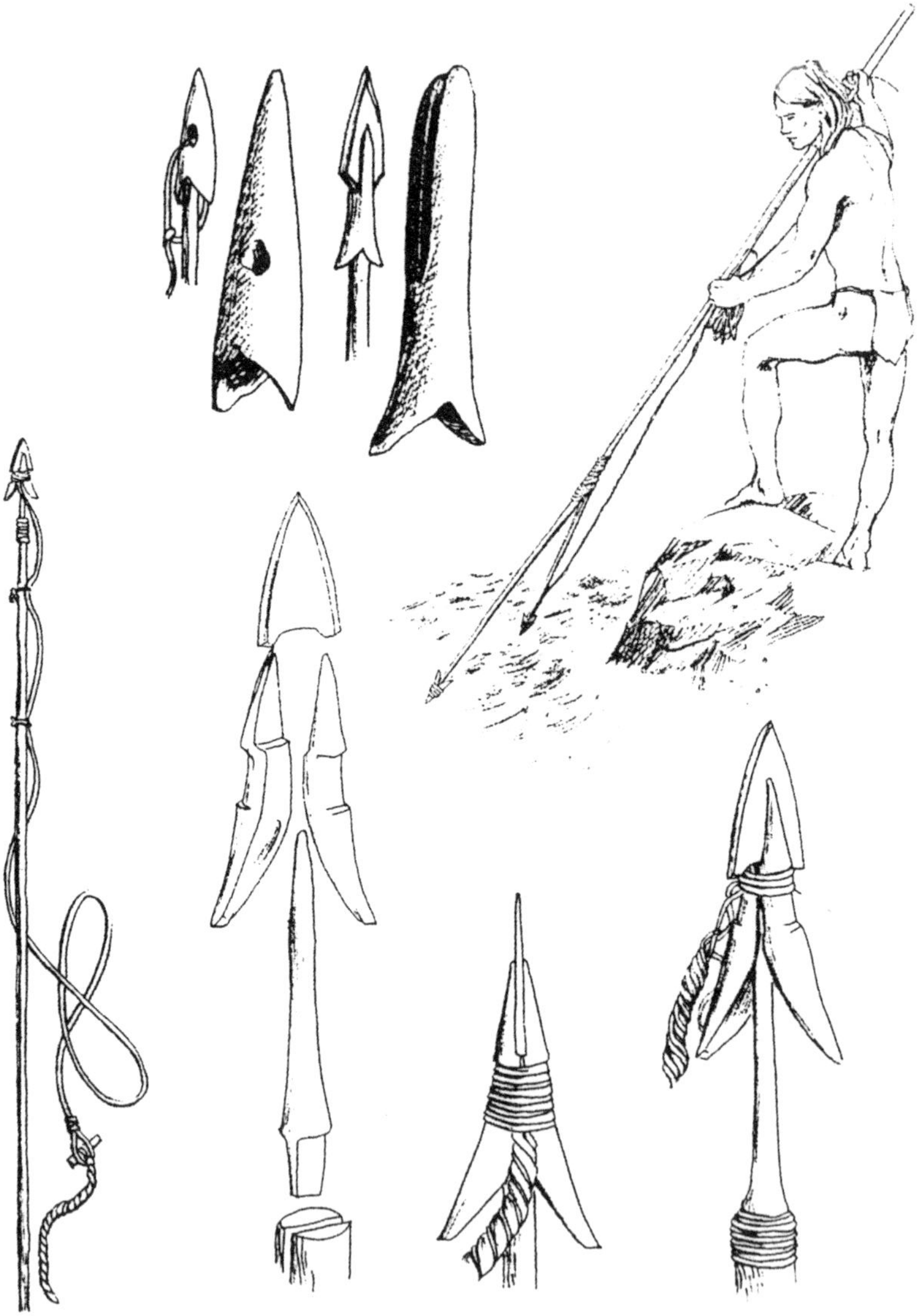

図３　18世紀代の先住民が用いた各種の銛

一八世紀から一九世紀末にかけての先住民らの簎《やす》、銛《もり》などの漁具はみごとという言葉につきる（図3）（『カナダ北西海岸民の生活像』参照。

その原型は紀元前四四〇〇年ころから一八〇〇年くらいまでさかのぼるとの説もある。図4・5の捕獲具は年代差がありすぎるため、漁具の変化を追えないが、他の遺跡の資料を用いると、製作技術や捕獲法の伝統がつづくものもある。

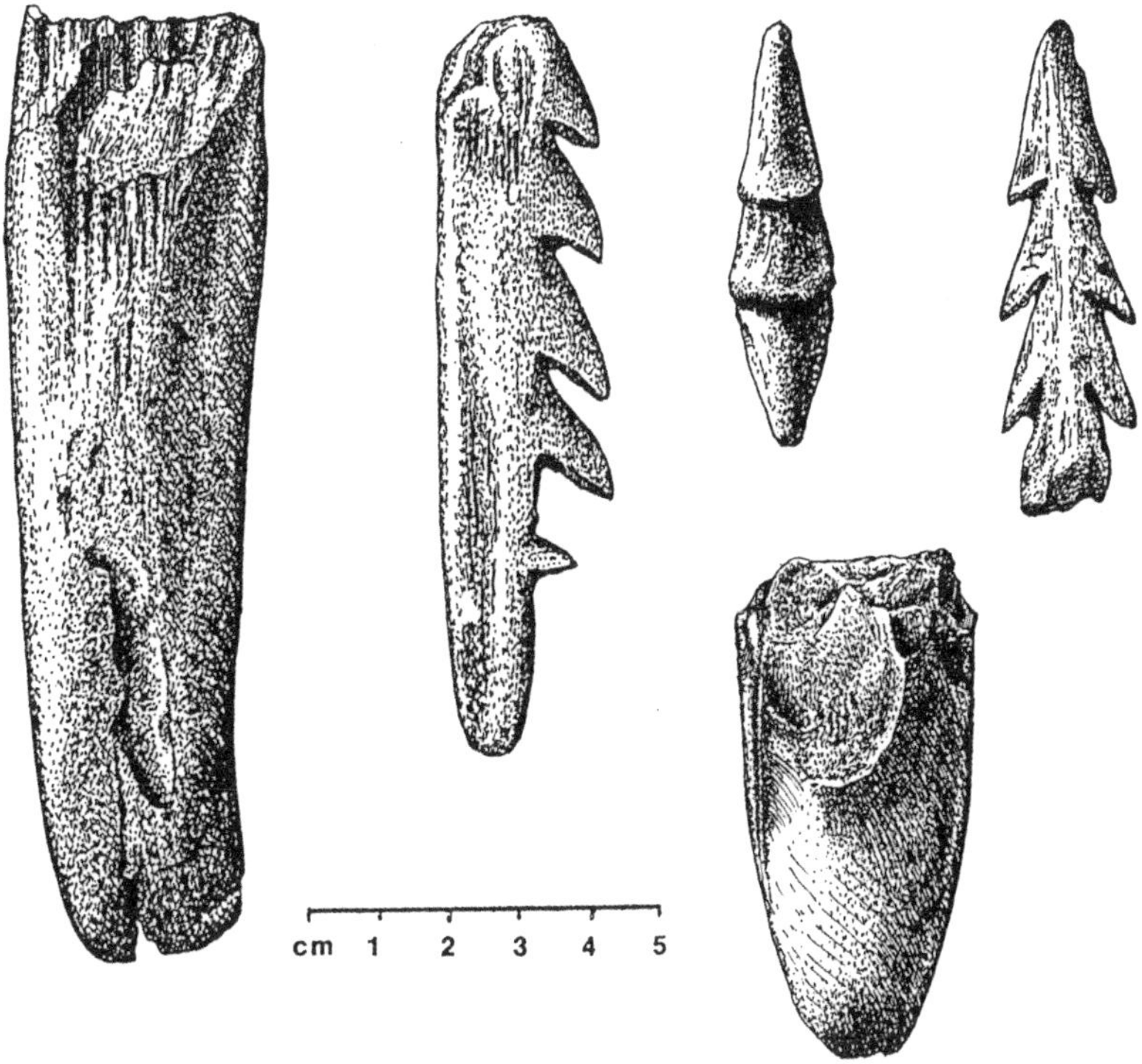

図4　ガーデン島セント・マンゴ遺跡出土の銛、骨製品、石器
（紀元前4400年ころから1800年前後）

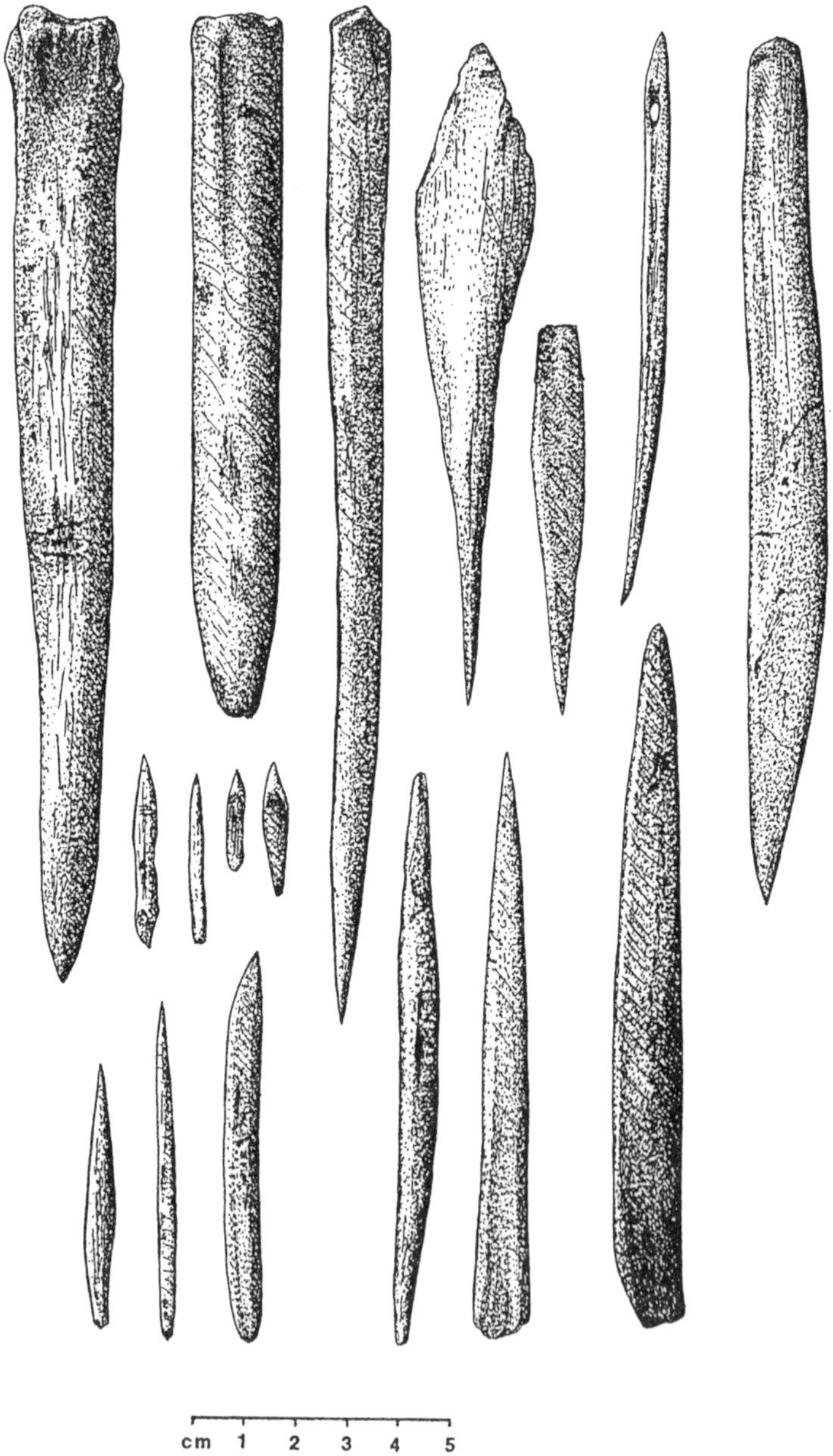

図５　ガーデン島セント・マンゴ遺跡出土の楔《くさび》、刺突具、網すき針
（紀元前4000年ころから1800年くらい）

図6は、一八八四年のコロンビア川口域のサケの燻製《くんせい》小屋を描写したもので、その大きさから捕獲量が想像できよう。カナダのブリティッシュ・コロンビア州からカリフォルニア州のモントレー湾までは大量のサケが捕れた。

この地域の人々にとり、サケは重要な食べ物で、捕獲法の歴史をさぐってみても一八世紀まではわかるが、それよりも前の時代は定かでない。しかし、研究者のなかには漁具から推測すると紀元前四四〇〇年以前という（Ames and Maschner 一九九九）。

図7・8は紀元前一八〇〇年ころから紀元後二〇〇年前後と長い時間帯に使われた木の伐採や板取り、加工や木の実を粉末するために用いた石杵や狩猟具といった石製道具は注目される。

というのは、伐採、加工に使ったであろう石斧のたぐいや粉

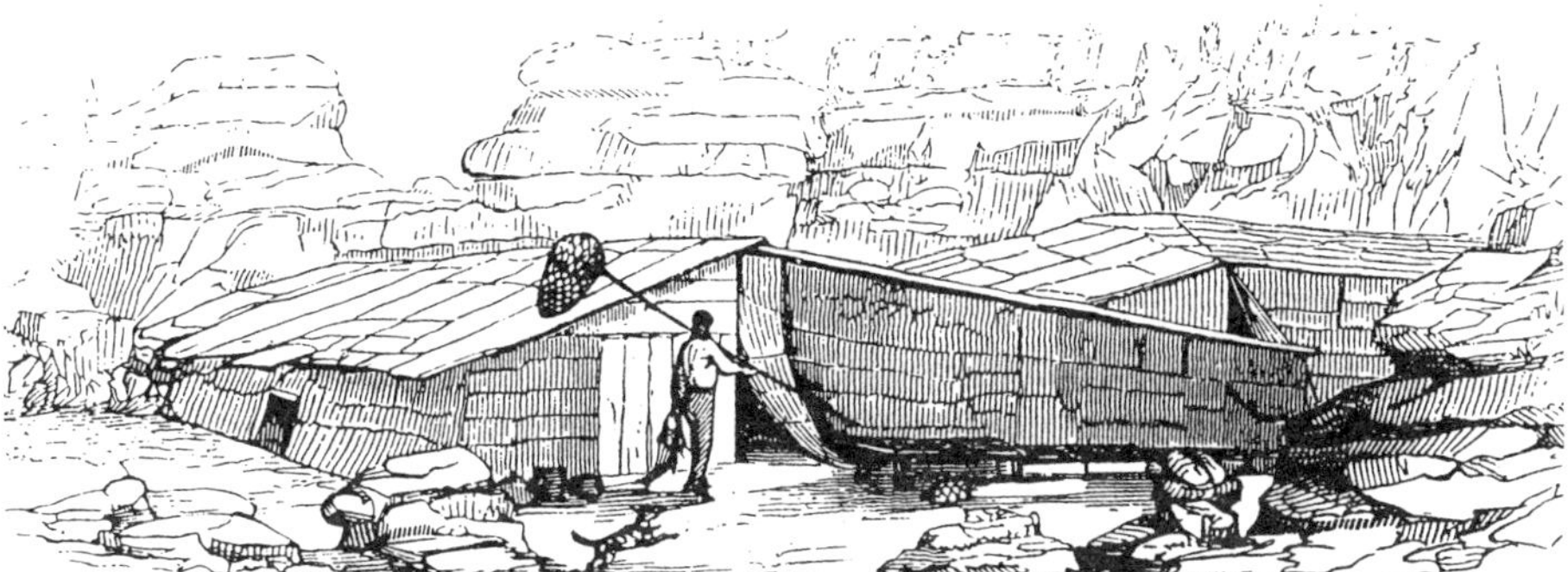

図6　コロンビア川岸に建つサケの燻製小屋（1844年）

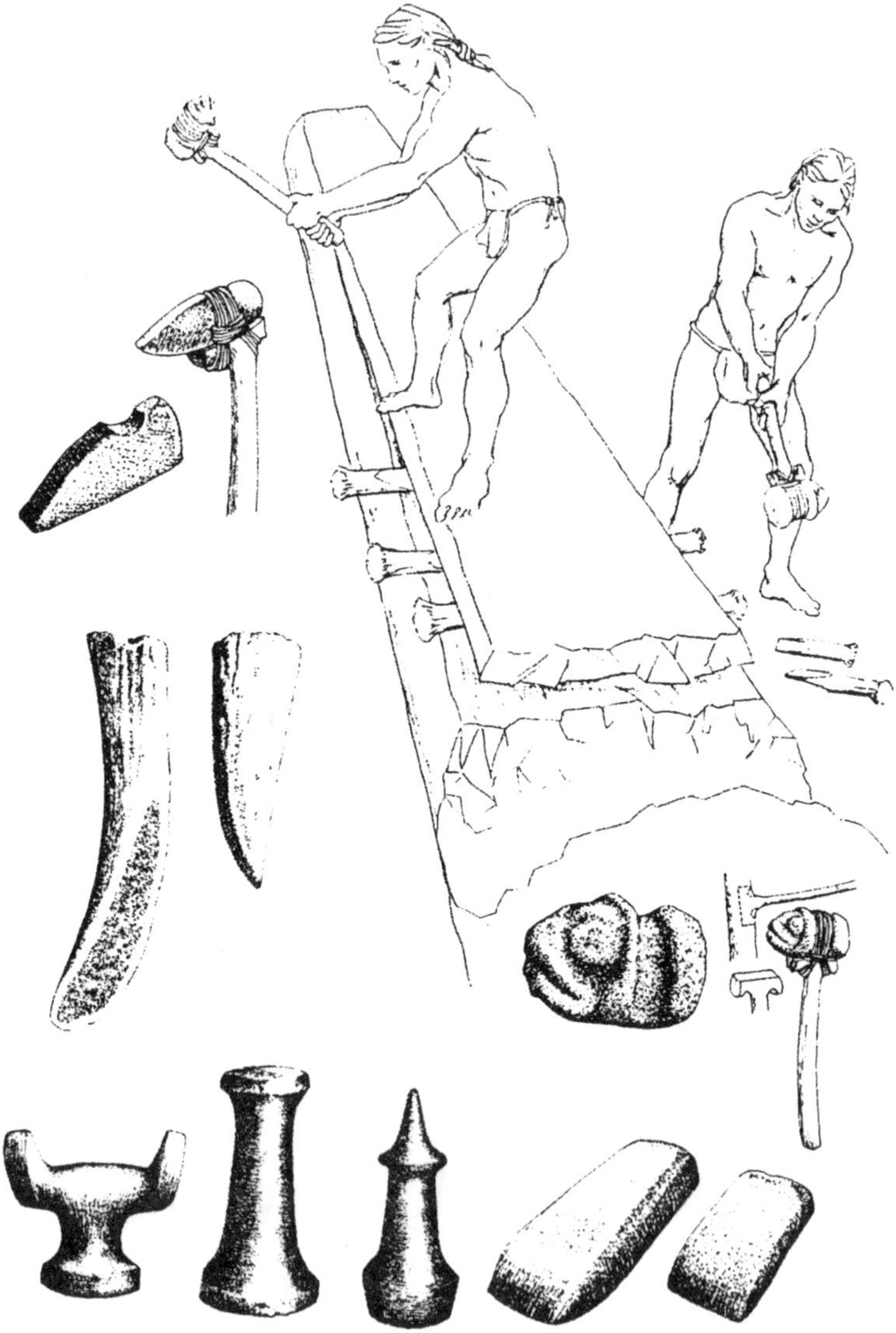

図７　片刃磨製石斧、石槌、石杵、丸太に楔を打ち込み、板材を取る
（紀元前4400年くらいから1800年ころ）

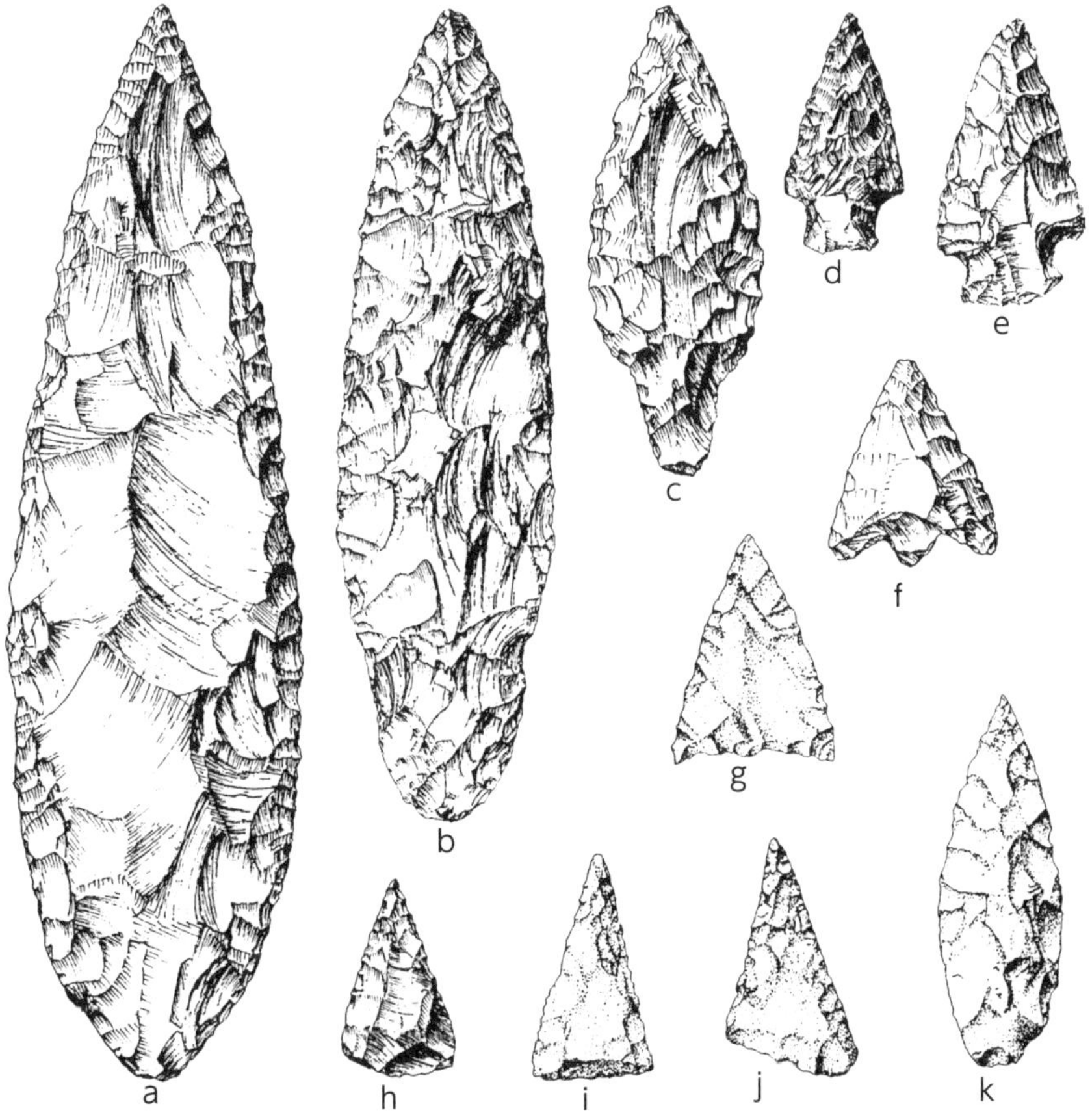

図8　尖頭石器群。a・b石槍、c～f 有茎石鏃、g～k無茎石鏃
（紀元前1800年から紀元後200年ころ）

末具などが紀元後五世紀代の遺跡からも見つかる。もしかすると尖頭石器とともに人々のあいだで伝えられた可能性は高い。

北西海岸域、なかでもブリティッシュ・コロンビア州の紀元前や紀元後の遺跡では、平地面を五〇cmほど掘り下げた半地下式の竪穴住居跡が確認されている(図9)。

このタイプの住居跡は、交易集団によって鉄製工具がもたらされ、シダー材による建物がつくられても、地域によっては一九世紀代まで存続した。

自然環境が著しく変化しなかった紀元前と紀元後に暮らした人たちの長い営みの物語を、なにをメルクマールにして描くかは各人各様である。できるかぎり複数の要素からながめてみると、イメージが広がるのでは

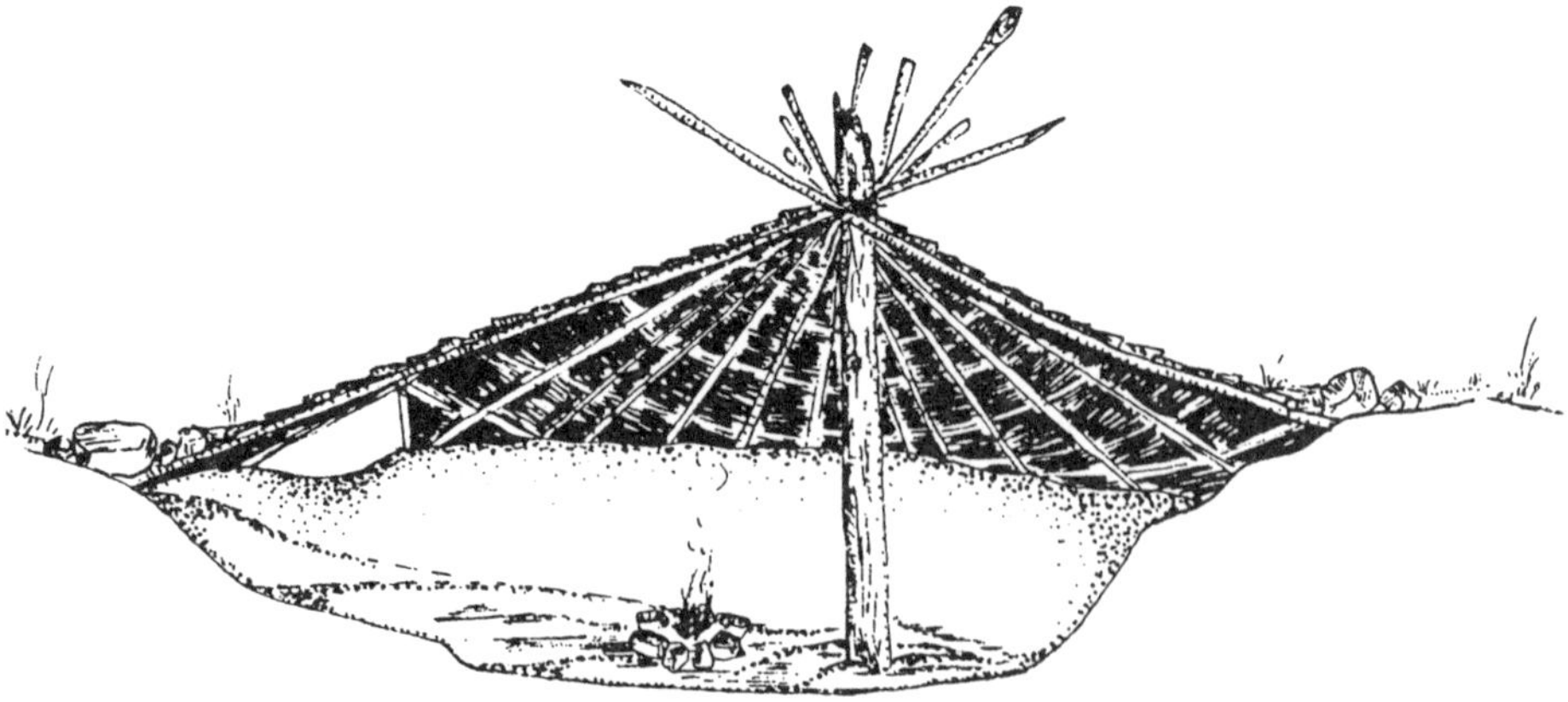

図9　カスケード山麓の竪穴住居跡の内部

なかろうか。本書が、そのパイプ役になればと思っている。

図1は中田（二〇〇〇）、図2~9、表紙、裏表紙、平扇、各章のカットは、Ames and Maschner（一九九九）による。

各章の引用・参考文献末の◎印は、初出の論考で、これに文章を修正した。

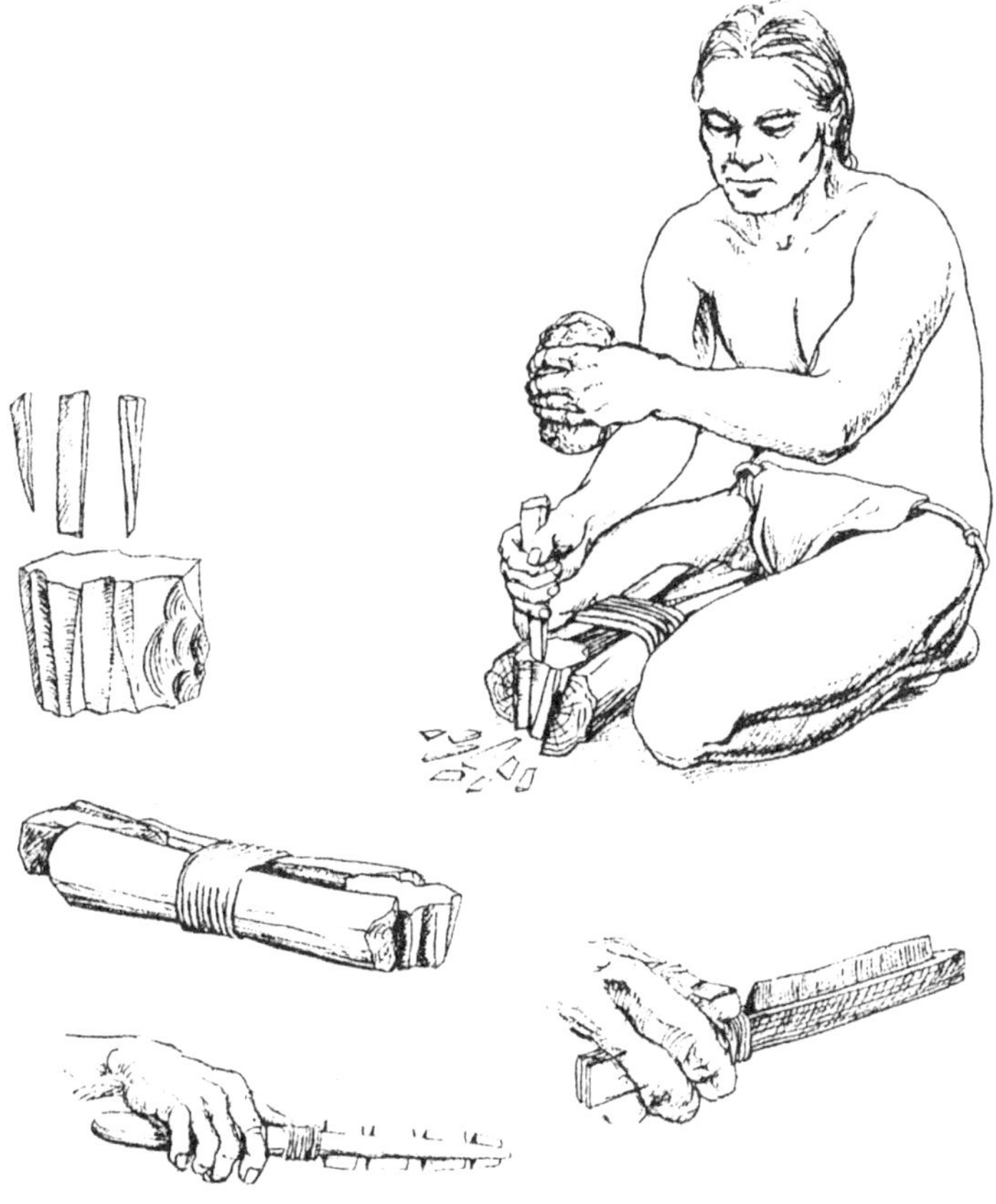

図10　細石刃の作り手と、その使い方

参考・引用文献

Ames Kenneth M. and Mascher Herbert D. G.

1999 *Peoples of The Northwest Coast — Their Archaeology and Prehistory* — Thames and Hudoson, London.

菊池徹夫・益子待也訳

1990 『北西海岸インディアンの美術と文化』六興出版

関　俊彦

2018 『カナダ北西海岸域の先住民』六一書房

2019 『カナダ北西海岸民の生活像』六一書房

中田　篤

2000 「北西海岸インディアンの歴史と社会」『15回特別展トーテムポールとサケの人びと — 北西海岸インディアンの森と海の世界 —』4～11頁　北海道立北方民族博物館

第一章　北西海岸域の先史文化

一　はじめに

北西海岸の地がヨーロッパ人に侵略される前は、広大な大地にいくつもの文化がモザイクのように混在し、先住民は自然の移りゆくままに暮らしていた。太平洋沿岸、現在のブリティッシュ・コロンビア州にあたる一帯は、先住民が食料を求めて遠くまで出かける必要があまりなく、そのうえ海、川、森が多くあるため、きわめて水準の高い物質文化を生み出すことができた。

魚ではマスノスケ、ベニザケ、カラフトマス、ギンザケ、タラ、ニシン、オヒョウ、ユーラコンとよばれるロウソクウオなど、森林は州の六〇％を占め、温帯多雨林のレッドシダー、アメリカツガ、ダグラスモミ、トウヒといった樹木が茂っていた。

ことに芳香と軽量が特徴のシダー材は、先住民の文化に欠かせないものである。この木の幹の部分はカヌーやトーテム・ポールに、板材は家屋や木彫りの仮面に、また蒸気を使って保存箱の成形にと大いに利用された。

ブリティッシュ・コロンビア州の主要先住民は、ツィムシアン族とハイダ族ではないだろうか。かつて、彼らとトリンギット族が《北方文化圏》を形成していた。三部族とも組織化された交易ネットワーク、血縁、身分制、戦闘などをとおして、文化の均質性をはぐくんだ。

ことにツィムシアン族とハイダ族との間では、モノの考え方、物資、人々の交流が緻密だったことは、両者の文化の類似性が物語っている。しかし、こうした現象があらわれるのは、先史時代後期のことで、それ以前は、そうではなかったらしい（関、一九九三、一九九四）。

本文を草するにあたり、フラッドマーク氏らの文献と図を多く用い（Fladmark, 一九九〇）、また、数々の文献コピーを提供されたブリティッシュ・コロンビア大学のリチャード・ピアソン名誉教授にお世話になった。

二　自然環境

北部太平洋岸の文化をとらえるにあたり、自然環境の存在は大きく、人々が大陸か島に住んでいるかにより、生活相は異なった。

ハイダ族はハイダ・グアイ（旧名クイーン・シャーロット）諸島を生活域とし、その広さは約六四〇〇㎢で、大陸とはヘカテ海峡により遮断されている。

大陸側に住むツィムシアン族の領域はスキーナ川とナス川流域である。彼らが居住した地には、流れのゆるやかな河川が蛇行《だこう》し、内陸部に暮らす人たちとの往来に大きな役割を果たすとともに、両河川は遡河《そこう》性のサケやマスなどの魚資源を人々に供給しつづけた。

川には産卵のために大量のサケやユーラコン（ロウソクウオ）といった魚類が遡上《そじょう》し、豊かな食料源の循環のもとで、ツィムシアン族は毎年漁をおこなった。これに加えて内陸部との交流や広大な領域の管理をとおし、彼らはいろいろな陸生の食べ物を手に入れた。

それにくらべ、ハイダ族が営むハイダ・グアイ諸島の食料環境はさほど恵まれていなかった。サケは諸島の小川でも産卵するが、河川が短く、大きな湖もないため、遡上するベニザケやギンザケの量は少ない。カラフトマスは二年周期性で、大陸よりもさかのぼる率が低い。

そして諸島にはユーラコンがまったく棲息《せいそく》せず、さらにハイダ・グアイ諸島の陸生動物には種にかぎりがあり、固有の大型陸生哺乳動物は、アメリカクロクマの各種と絶滅種の小型カリブーである（Foster, 一九六五）。

人々の乏《とぼ》しい食べ物を一部補ったのが、潮間帯に棲息する海洋動物である。ことにオヒョウや北部オットセイなどが、大陸と同じくらい捕獲できたのは大きい。この地方の環境は過去一万年の期間に大きく変化しており、その二大要因は海面の水位と気候である。

北部大陸沿岸では、紀元前五五〇〇年ころに海面が現在より四〇mほど高かった（Armstrong, 一九六六）。しかし、スキーナ川河口の調査では、紀元前八五〇〇年くらいに海進が最も進み、海水面が現在にくらべておよそ二〇〇ｍも上位にあった。

つまり、紀元前六〇〇〇年ころはスキーナ川流域一帯が海だった（Clague, 一九八四）。現大陸の海岸線の水位が安定するまで、およそ五〇〇〇年ものあいだ海に覆《おお》われていたことになる。

いっぽう、ハイダ・グアイ諸島は紀元前約八〇〇〇年以前、海面が現在よりも三〇ｍあまり低かった（Fladmark, 一九七五）。この諸島が大陸とつながっていたとは考えられないが、双方を隔てるヘカテ海峡は狭かったと思われる。

その後、海面は紀元前七〇〇〇年ころに現在よりも最高一五ｍくらいの位置まで上昇し、紀元前約二五〇〇年までその状態が継続した。つまり、島々をとりかこむ海岸線はこの期間、現在よりも高い面にあった。そして、紀元前二五〇〇年ころから海面はじょじょに下がり、現在に至った。

後氷期の気温は、現在の年間平均気温よりも九度は低く、紀元前八五〇〇年前後を最低とし、現在より二度から三度ほど高かった紀元前六〇〇〇年ころまで上昇しつづけた。その後、年間平均気温は変動しながら下降し、紀元前四〇〇〇年から三〇〇〇年くらいに現在の気温となった。また、紀元前八五〇〇年から六〇〇〇年ころは降雨量も減少したらしい。

紀元前六〇〇〇年あたりから年間降水量は、現在よりも少なく、紀元前四〇〇〇年ころには現在の高水準まで達している。しかし、長期的にみると、気温や降雨量の短期サイクルはつかめないが、この時代の人たちにとって気温や降雨量が生活を左右したことはまちがいない。

海岸線や気温、降雨量の変化に伴い、地域的な生態系も変化した。しかし、生物は一瞬にして環境の変化に順応するわけではない。そのため、現在のような大陸沿岸の生態系が形成されるまでには、最低五〇〇〇年くらいはかかったと思われるし、この地方の森も約三〇〇〇年前までは現在のように完全に成長してはいなかっただろう（Hebda and Mathewes, 一九八四）。

紀元前三〇〇〇年ころの海岸線の安定がサケの豊富な遡上につながった大きな要因という考えがある（Fladmark, 一九七五）。ハイダ・グアイ諸島のばあい、数千年の安定期を経て、紀元前二五〇〇年あたりからしだいに海面が低下していく。北アメリカ大陸の環境が安定期に入ってから約一〇〇〇年後、ハイダ・グアイ諸島のエコシステムが以前の最高レベルから少しずつ退行したのではなかろうか。

三　調査略史

北部太平洋岸における初期の考古学調査の代表例は、プリンス・ルパート・ハーバー遺跡群である。初期の考古学者としてはハーラン・スミス、ドラッカー、ボーデン（Calver, 一九六八）などが知られている。彼らの研究により先史時代が長期に及んでいたこと、北部沿岸にユニークな文化が存在したことがあきらかにされた。スミスはスキーナ川流域で一八の遺跡を調査したが、ハイダ・グアイ諸島ではわずかな調査しかおこなっていない（Duff and Kew, 一九五八）（図1）。

プリンス・ルパート・ハーバー域では一九六六年から一九七八年にかけて一一の遺跡が発掘され、二〇〇余の遺跡の所在を確認し、膨大な考古遺物が掘り出された（MacDonald, 一九七一、MacDonald and Inglis, 一九八一）。なかでも先史時代の人骨が大量に見つかり分析結果が注目された（Cybulski, 一九七八）。

ハイダ・グアイ諸島でもいくつかの遺跡がマクドナルド（一九六九）とフラッドマーク（一九七九）によって発掘されたが、いずれも小規模だった。大がかりな調査はブルージャケッツ・クリークとトウヒルの両遺跡の発掘が

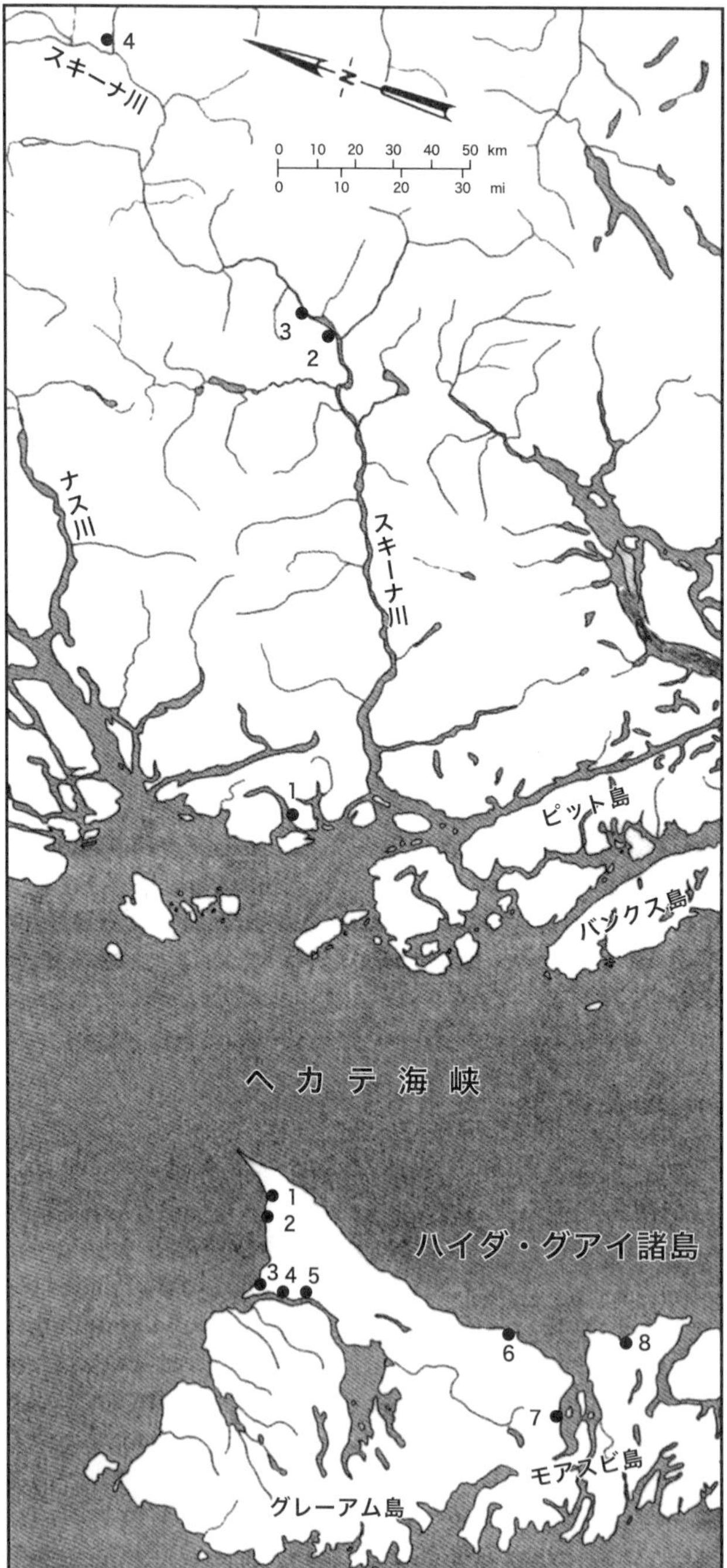

● ハイダ・グアイ諸島の遺跡
1 トウヒル
2 オールドヤカン
3 カウンシール
4 ブルージャケッツ・クリーク
5 スコグランズ・ランディング
6 ローン・ポイント
7 ホーンリバー
8 カスタ

● スキーナ川流域の遺跡
1 プリンス・ルパート
2 キツェラス・キャニオン、ポールメイソン
3 ギタウス
4 ハグウィルゲット

図1　ハイダ・グアイ諸島とスキーナ川流域の遺跡分布

唯一である（Severs, 一九七四a・b）。

スキーナ川流域での先史時代の調査はキツェラス・キャニオン（渓谷）に集中し、ギタウス遺跡とポールメイソン遺跡が発掘された（Allaire, 一九七八、一九七九）。このほかにもスキーナ川の本流と支流での踏査も実施されたが、調査の大半は歴史時代の遺跡にむけられた（Ames, 一九七九、MacDonald, 一九六九）。

プリンス・ルパート・ハーバー地域以外のハイダ・グアイ諸島やスキーナ川流域では、考古学の調査は散発的で、データ的にも少ないのが現況である。

四　先史時代の文化

北西太平洋岸の時代区分は紀元前八〇〇〇年から三〇〇〇年ほどの時期を《先史時代》、紀元前三〇〇〇年から紀元後一八〇〇年くらいまでを《歴史時代》としている。二分する基準は、貝塚が紀元前三〇〇〇年前後に出現するからである(表1)。

では、大陸と島とに分けて、それぞれの文化をながめてみよう。

● プリンス・ルパート・ハーバー地域

プリンス・ルパート・ハーバー地域は、スキーナ川の河口近くにあり、ヨーロッパ人が到来するずっと以前からツィムシアン族やハイダ族は、このあたりで集会を開いていた。ノーザン・ブリティッシュ・コロンビア博物館には、北西部沿岸に一万年ほど前から住ん

年代＼地域	プリンス・ルパート・ハーバー	ハイダ・グアイ諸島	キツェラス・キャニオン
1000年	I	グレーアム伝統文化	歴史時代？
500			
紀元後	II		クリーンザ文化期
紀元前			
1000	III		ポールメイソン文化期 スキーナ文化期 ギタウス文化期
2000		過渡期複合文化	ボーナイト文化期
3000	？	モアスビ伝統文化	？
6000		潮間地帯遺物群？	
7000年			

表1　カナダ北部太平洋岸の三地域の文化編年

だ先住民の歴史の証しが並んでいる。

ブリティッシュ・コロンビア州の太平洋岸北部、つまりアラスカ南東部や南部（Carlson, 一九七九）からは、これまでの調査で考古遺物が出土したが、紀元前三〇〇〇年以前の人工遺物は大陸沿岸部から確認されていない。

その理由は、おそらく海面の変化により、初期の遺跡は当初浜辺であった所か、現在の海岸の上にある森のなかか、あるいは波で流出されたかである。沿岸部での遺跡といえば貝塚のみで、これ以外の初期の遺跡が沿岸に生い茂る植生の下にあるとは考えられない。

●ハイダ・グアイ諸島

ハイダ・グアイ諸島は、最大幅一三〇kmのヘカテ海峡によって本土から隔てられ、およそ一五〇の島々からなる。雨が多く、氷河に覆われることもなく、シロアシマウスやキツツキ、クロクマなどの生き物が多く棲息する。かって《ハイダ・グワイ》（ハイダ族の島）とよんだこの地は、今も昔の自然環境をとどめている。

とくにモアスビ島の大半を占めるグワイ・ハーナス国立公園保護区には、豊かな緑とハイダ族の遺跡が管理されている。諸島最大の島、グレーアム島のスキドゲイトのハイダ・グワイ博物館のハイダ族の民俗資料のコレクションは、多くの人々を感動させる先住民の文化遺産が多い。

先史時代の遺物の多くは、海面が上昇した紀元前七〇〇〇年から二五〇〇年ころにわたる海岸線沿いの場所から確認されている。出土遺物の大半は紀元前六〇〇〇年から三〇〇〇年くらいに栄えた《モアスビ伝統文化》に属し、それ以前のものと思われる遺物も数例確認されている。

モアスビ島南部、現在の潮間地帯にある遺跡群のなかから水の作用で丸くなった石核《せきかく》と剥片《はくへん》が見つかっている。もし海面曲線が正しければ、この石器は紀元前八〇〇〇年以前のものといえよう。

グレーアム島のスコグランズ・ランディング遺跡にある厚さ八mほどの層をなす海浜の砂利の堆積層から初期の礫器《れっき》、石核が出土した。これらの石器は海面の上昇によって浸食された遺跡から出てきたもので、最下層から確認された遺物で九〇〇〇年ほど前と思われる。

風雨にさらされた礫器や石核は古い地層で確認されており、モアスビ島南部の浜辺で出土した遺物群やスコグランズ・ランディング遺跡の遺物とともに、初期の剥片石器のインダストリーを構成しているといえよう。しかし、これらの遺物はモアスビ伝統文化の石器類とは技術面で異なっている。

モアスビ伝統文化の特質をもつ一四例の石器は、海抜一〇mから一五mの昔の海岸線の地層中のローン・ポイント遺跡やカスタ遺跡の発掘から、あるいはほかの五か所の遺跡から表面採集したものである（Flandmark, 一九七一）。

放射性炭素一四による年代値は、ローン・ポイント遺跡の二番目に古い層で紀元前五四〇〇年前後、カスタ遺跡の上層で紀元前三四〇〇年ころである。

両遺跡とも炉跡は確認されず、石器やその剥片がわずかに散在するほかは、焼けた石も、さらに人々が居住した遺構も見つかっていない。もちろん、貝塚を伴う遺跡のほかは、土壌が酸性のために有機物は認めれらなかった。

モアスビ伝統文化は、遺跡の近くで得られる石材で製作した片面加工の剥片石器と細石刃《さいせきじん》が特徴で、この文化に属する約六〇〇〇点の石器には両面加工や研磨されたものはない。紀元前四〇〇〇年前後には砂岩製の研磨器を使い、骨角器をつくりだしている。

また、石器製作の技法にいくつかの技術変化があり、細石刃の製法は、モアスビ伝統文化初期の調整石核石刃技法から、後期の両面加工へ変化している。

こうしたデータからモアスビ伝統文化の人たちが、狩猟・漁撈・採集による移動性の暮らしを繰り返していたと推測できる。しかし、あまりに出土遺物の種類と量が少ないため、彼らの生活を具体的にはつかめない。ハイダ・グアイ諸島で生きるには舟を必要としたが、それを物語るものは未確認である。

紀元前三〇〇〇年から二三〇〇年ころにかけて存続した《ボーナイト文化》は、大陸側のキツェラス・キャニオンにあるポールメイソン遺跡の出土遺物によって特徴付けられる。

出土品のなかで大半を占めるのが黒曜石製の細石刃と円形石器で、両面加工の石器はない。ここでは一〇〇〇以上の細石刃と二例の細石刃の石核を再生した剥片石器が出ている。しかし、人々の暮らしを証すものや、動物の遺存体もないことから、この遺跡は季節ごとに短期キャンプした跡と考えられる（Coupland, 一九八五）。

出土した石器類は年代的に古くハイダ・グアイ諸島のモアスビ伝統文化期のものといくつかの点で共通性がある。たとえば、細石刃や円形石器を多く伴ういっぽうで、両面加工の石器がないことである。こうした面からみると文化の年代は新しく、先史時代終末に属するのではなかろうか。

五　歴史時代の文化

●プリンス・ルパート・ハーバー地域

紀元前三〇〇〇年から一五〇〇年前後に存在した《プリンス・ルパートⅢ文化》期は、プリンス・ルパート・ハーバー域に分布する四つの遺跡がもつ文化要素が特徴である。

この時期の貝塚は小規模で、出土遺物の量も少ない。動物遺存体からみると、アザラシを主体に海洋哺乳動物を捕獲しているが、のちの時代の人たちよりも、シカやワビチ（ヘラジカ）などの陸生哺乳動物を多く捕るなど、狩猟・漁撈・採集と幅広く食料源を求めている。

出土遺物は、歴史時代後半のものにくらべると精巧さに欠けるが、ツィムシアン族の初期の道具類が登場してくる（図2）。骨器と角器が遺物の大半を占めるが、研磨器や円形石器もあり、両面加工による剥片石器は少なく、細石刃は使われていない。

狩猟具や漁撈具では、両面加工の石器、骨製の尖頭器、スレート製の尖頭器、骨製銛《もり》、逆刺《かえし》付き釣り針、魚肉用のナイフに用いたであろう円形の剥片石器などが眼をひく。貝塚出土の魚介類は、ほとんどが潮間帯に棲《す》むものである。

道具類の製作や仕上げ用には、円形石器、研磨器、押し錐《きり》、針といった石の道具、骨や角製の楔《くさび》、貝製手斧《ておの》、ビーバーやヤマアラシの切歯《せっし》でこしらえた手斧などが木工用に使われた。あとの時代に出現する大きな手斧やハンマーのような頑丈《がんじょう》な木工用具は出土していないが、円形石器がその役割を果たしたのではなかろうか。

住居跡のプランがわかるものは発掘されていないが、小さな柱穴跡、炉跡からすると、規模は小さかったであろう。

身体を飾ったものには、鳥骨製の管状製品やビーズ、犬歯《けんし》でつくったペン

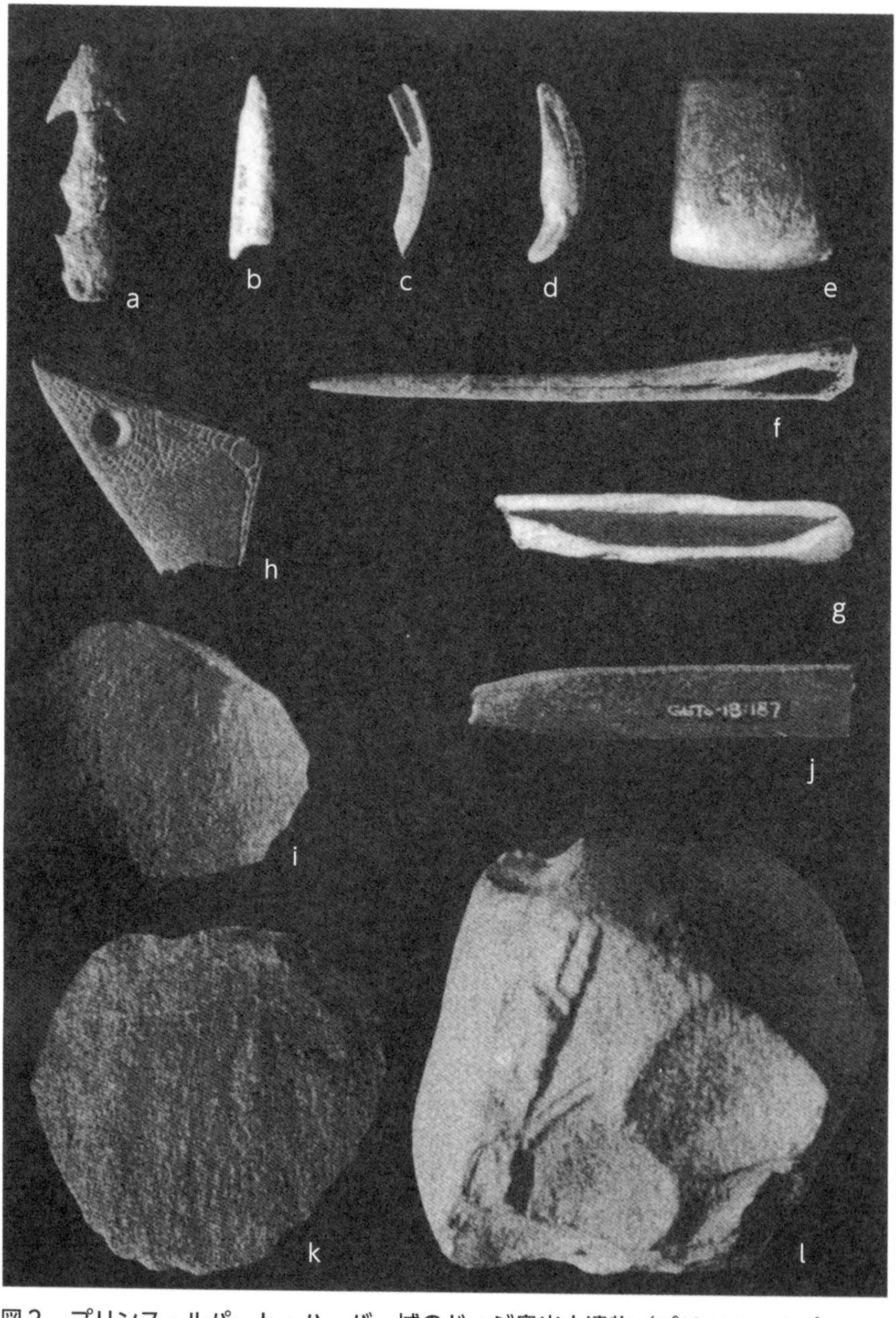

図2　プリンス・ルパート・ハーバー域のドッジ島出土遺物（プリンス・ルパートⅢ文化期）

a 両面加工の逆刺付き角製銛、b 片面加工の逆刺付き銛、c 齧歯《けつし》類製の道具、d 犬歯《けんし》製ペンダント、e 軟玉製の片刃石斧、f 哺乳動物製の押し錐、g 哺乳動物製の鑿《のみ》、h 有孔磨製石製品、i 円形削器、j スレート製ヘラ、k・l 円形削器
a の長さ5.3cm、他は同スケール。

ダント、顔料などがある。顔料と黒曜石は他地域から運び込んだものである。プリンス・ルパートⅢ文化期の人々は移動性の生活を送ったため、人口は少なかったであろう。彼らの居住パターンを知るデータが不足していることから、まったく手がかりはない（MacDonald, 一九八一、一九八三a）。

紀元前一五〇〇年から紀元後五〇〇年くらいに栄えたプリンス・ルパートⅢ文化期は、大きな社会的変化や急激な人口増加、生活基盤の拡大や強化で注目される。社会的変化を示す資料の多くは大きな埋葬複合体にみられるが、それは文化期の終わりに消滅している。

この時代は、貝層の堆積が厚く、遺物の出土量も多く、貝塚が集中し、プリンス・ルパート・ハーバー域では一二の遺跡が密集する。

貝塚の遺物をみると、陸生哺乳動物を射止める割合が減少し、海洋哺乳動物をより多く捕獲し、漁撈活動を活発におこなっている。漁撈用の石錘《せきすい》が大量にあらわれ、銛に新しいタイプが加わり、スレート製の尖頭器が大幅に増

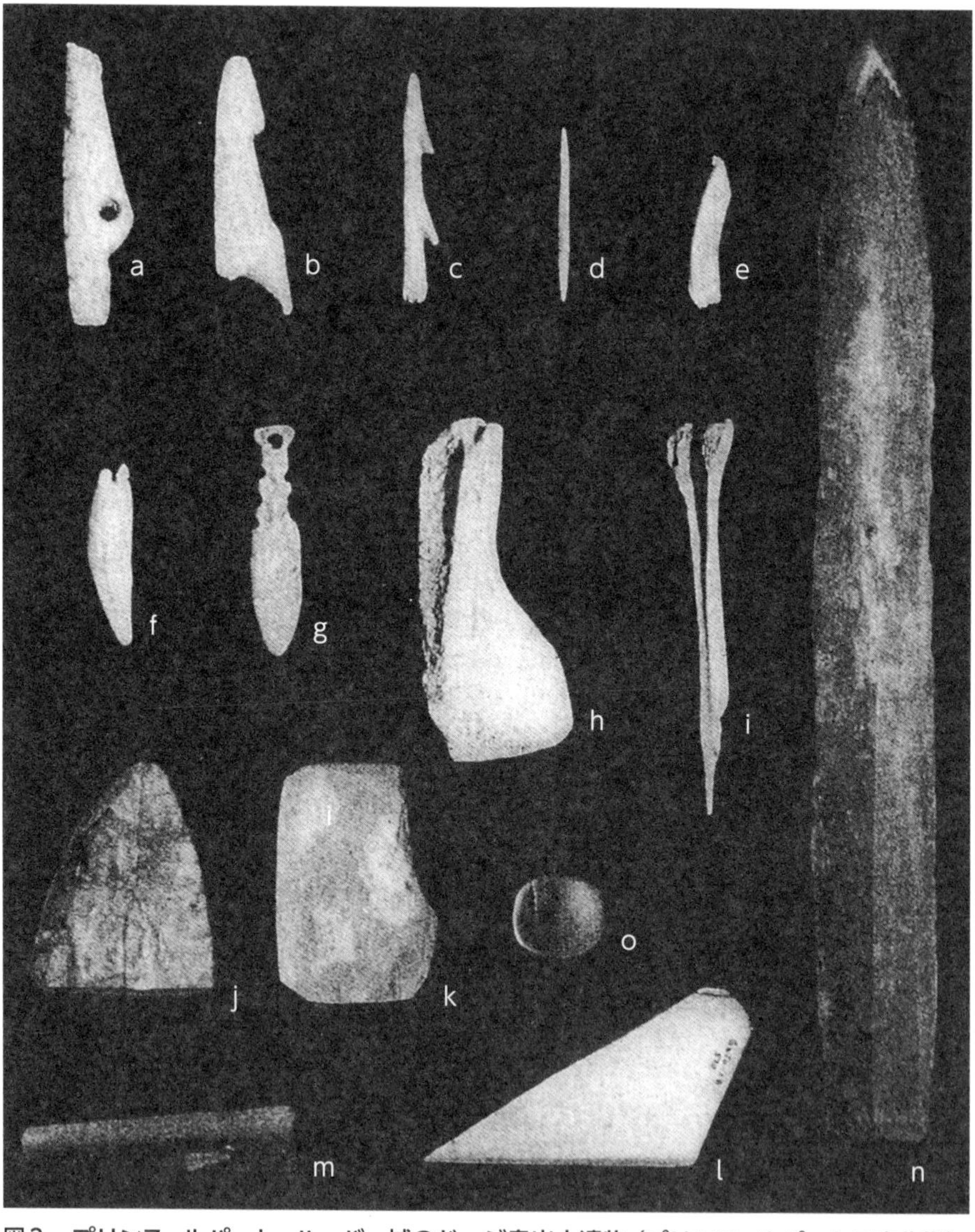

図3　プリンス・ルパート・ハーバー域のドッジ島出土遺物（プリンス・ルパートⅡ文化期）

a 骨製離れ銛、b・c 骨製逆刺付き銛、d 骨製簎《やす》、e 齧歯類製の道具、f 犬歯製ペンダント、g 剣型骨製ペンダント、h 骨製楔、i 哺乳動物製の押し錐、j 両面加工の石器、k 片刃石斧、l 磨製石器、m スレート製丸棒、n スレート製剣、o 黒玉製唇飾り
a の長さ6.2cm、他は同じスケール。

えてくる。貝層にたくさんの海洋哺乳動物の遺存体がみられる（Calvert, 一九六八）（図3）。

この文化期の人々の食料源は多様で、いく種類もの鳥、魚、貝、海洋無脊《むせき》椎《つい》動物、海洋・陸生哺乳動物といったものを捕獲している（Stewart, 一九七七）。

歴史時代をとおして、プリンス・ルパート・ハーバー域に居住した人たちは、周囲の生態系を熟知し、それらを集中的に資源活用していた（May, 一九七九）。一つの遺跡からはユーラコン（ロウソクウオ）の骨が出ており、一九世紀までつづいたツィムシアン族の移動生活を推測できる。

また、プリンス・ルパート・ハーバー域からナス川河口にかけて人々が春先に移動したのも、この時代からではなかろうか。

サケがさかのぼるナス川やスキーナ川への移住も考えられる。一二の遺跡における動物遺存体やそのほかの遺物の出土頻度《ひんど》はまちまちで、人々は身近の環境資源をそれぞれに利用していた。彼らはプリンス・ルパート・ハーバー地域を一年をつうじて居住地としたが、おもに利用したのは冬から春にかけての可能性が強い（Stewart, 一九七七）。

この文化期に新しく出現した道具には、石製手斧と鑿《のみ》、樹皮製のおろし器と皮むき器などがあり、それに加えて骨角器による木製品の加工が注意をひく。木工技法の上達により、木製品が普及し、生活の幅ができてきた。

犬歯を使って製作したであろう人体の形をした手斧の柄は、この文化期の初頭と思われるが、図柄はバンクーバー市近郊で出土した紀元前二二九〇年から一五〇〇年ころの手斧の柄に類似し、木器は泥炭層に埋没していた。

この時代の木製品には、一九世紀後半にみられるような彫像がある。装飾をほどこした用具や装飾モチーフの出土例は、プリンス・ルパートⅢ文化期よりも増えている。新しい意匠と装飾様式は、歴史時代の芸術の到来を示すとみてよい。

住居跡について知る資料はほとんどなく、一九世紀初めころの正方形をした小規模な住居跡がキツェラス峡谷で発掘されているにすぎない。また、同一期ころのシダーの厚板、炉跡が断片的に見つかっているだけである。もしかすると、この時代のような家屋がプリンス・ルパート・ハーバー域に建てられたのではなかろうか。

当時の人たちは亡くなると貝塚に埋葬されることが多かったらしく、良い状態で骨が残っている。紀元前一五〇〇年から紀元後五〇〇年ころのプリンス・ルパートⅡ文化期の墓が二〇〇余基発掘されている。共同墓地は一つの墓壙《ぼこう》群を構成しないが、この時代の社会機構や葬送儀礼、戦闘、交易ネットワークといったものがつかめそうである。

その具体例をかかげておこう。

個人や集落のあいだにも社会的な身分、あるいは上下のちがいがあったことを示す資料が出ている。墓壙から墓の造営法、副葬品の有無、副葬品も実用と非実用のものなど、いずれもまちまちである。たとえば、非実用的な副葬品には、銅製品、琥珀《こはく》や貝のビーズ、貝で飾った胸当て、石製や骨製の棍《こん》棒《ぼう》、磨製石剣、唇飾り、ペンダント、ラッコの歯などである。

これらはプリンス・ルパート・ハーバー地域のボードウォーク、ドッジ、ガーデンの三島にある三遺跡に集中している。このなかで唇飾りは身分をあらわすものであった。ことにボードウォーク遺跡には、たくさんの墓壙が集中し、装飾品や非実用品、製作用具といったものの種類と量の割合が、ほかの遺跡よりも抜きん出て多い（図４）。

戦闘をうらづけるものとして、一つは男性の遺骸数が女性よりもきわめて多いこと。二つめは男性たちの前腕に武器を受けたような骨折があり、頭骨がくぼんでいること、考えられないほどの外傷を負っていること。三つめは骨や石の棍棒、両端を尖らせた磨製石器、スレート製の剣といった武器が多く出土した現象である。

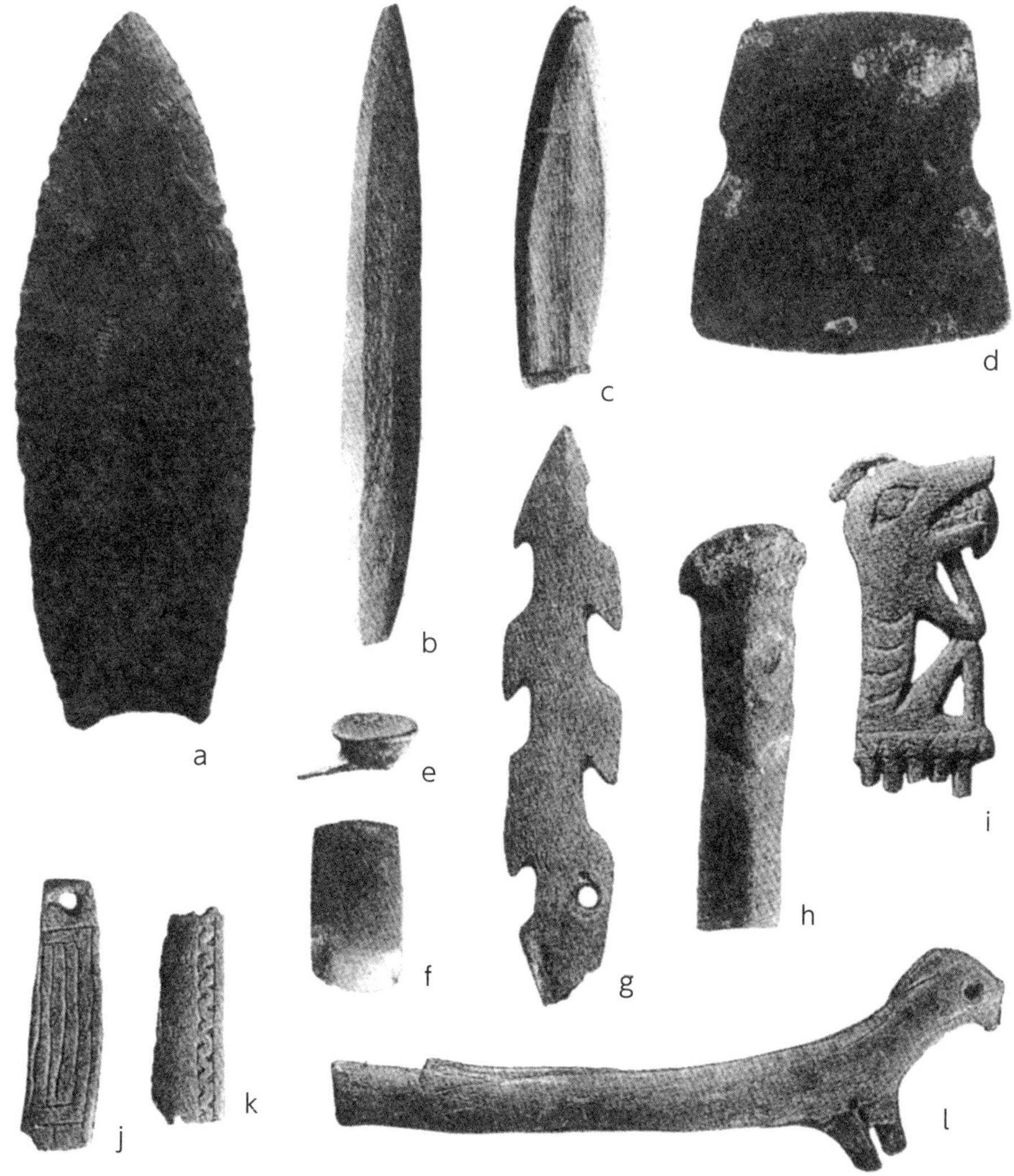

図4　ボードウォーク、ルーチェン、ボールドウィン遺跡、ガーデン島、グレーシー湾岸出土の遺物

a 石槍（長さ19cm、紀元前2500年ころ）、b・c スレート製尖頭器、d スレート製斧、e スレート製唇飾り、f 軟玉製の小型片刃斧、g 骨製離れ銛、h 枝角に彫った人体像、i 狼を彫った骨製櫛（紀元後800年ころ）、j・k 骨製ペンダント、l 動物を模した角製品．b は長さ15cm、c—f は同じスケール、g—l プリンス・ルパート文化Ⅰ・Ⅱ期、g は長さ10cm、l は長さ18.7cm、h—k は同じスケール。

交易ネットワークを物語るものに、ツノガイ、銅、琥珀、黒曜石の分布、また、棍棒の材料に使われたクジラの骨などがあげられる。もちろん、ナス川やスキーナ川への人々の季節ごとの移動のさい、あるいは現地の人たちとの接触によって交換された品々もある。

たとえば、人体を模した手斧の柄は、はるか南のフレーザー川の三角州域に住んだ人々のあいだでもてはやされたものと同じ形態であることから、両者との関連性が推測できる。

数々の交易品の存在は、人口の増加、集落への定住化、港やその周辺域以外の地でも食べ物を得ていたことから想定できる。彼らの生活基盤は広い範囲に及んだが、海洋哺乳動物の捕獲と魚介類を得ることが中心だったらしい。

個人のあいだで身分差があったように、集落どうしでも上下の序列が存在したようである。そして、人々が盛んに領域内や外部との接触を広めた結果、物的欲望にかられて戦闘がたびたび起こったと思える。

紀元前五〇〇年から紀元後一八三〇年前後に結実したプリンス・ルパートⅠ文化期は、いくつかの点でプリンス・ルパートⅡ文化期と異なるが、多くの要素が引き継がれている。しかし、死者を貝塚に葬る風習は消えるが、その原因はわからない。

火葬が始まったのはこの時期と考えられるが、現在のところ火葬骨は未確認である。残念ながら埋葬を示す痕跡は特別な例をのぞいて見つかっていない。

この文化期の貝層はゆっくりとした時間帯で堆積しており、食べ物と人口のバランスがとれていたのではなかろうか。生活基盤は前の時代と変わらないが、海洋哺乳動物を射止める道具の種類や量が少ないことから、重要度が低下したといえよう。これに反し、漁撈活動が活発化し、魚介類の遺存体が多く貝塚に堆積している。

居住パターンはプリンス・ルパートⅡ文化期と変わりない。

これまで発掘された出土品には、唇飾り、棍棒、貝飾りの胸当てと腕輪、琥珀製や貝製のビーズ、銅製品などがあり、これらは高い地位にある者が身につけたらしい。そしてプリンス・ルパートII文化期の代表的副葬品は、I文化期ではステイタスになっている。

歴史時代後半にみられるシダーの厚板による家屋を思わせる建築部材が見つかっている。

戦闘による遺骸は確認されていないが、武器は多く出ている。

木工具に大型の抉入石斧《えぐりいりせきふ》や石槌《いしづち》が登場し、その柄には動物のデザインが多用された。このほかに貝製ナイフ、彫器、切断具といったものが盛んに用いられたことから、木工作業に進展があったのではなかろうか。

前の時代にくらべて装飾をもつ道具類の種類と量が多くなった（図5・6）。この背景には社会的な身分差や母系家族集団をふくむ海岸ツィムシアン文化の起源が、プリンス・ルパートI文化期にあるのではないか、という意見が

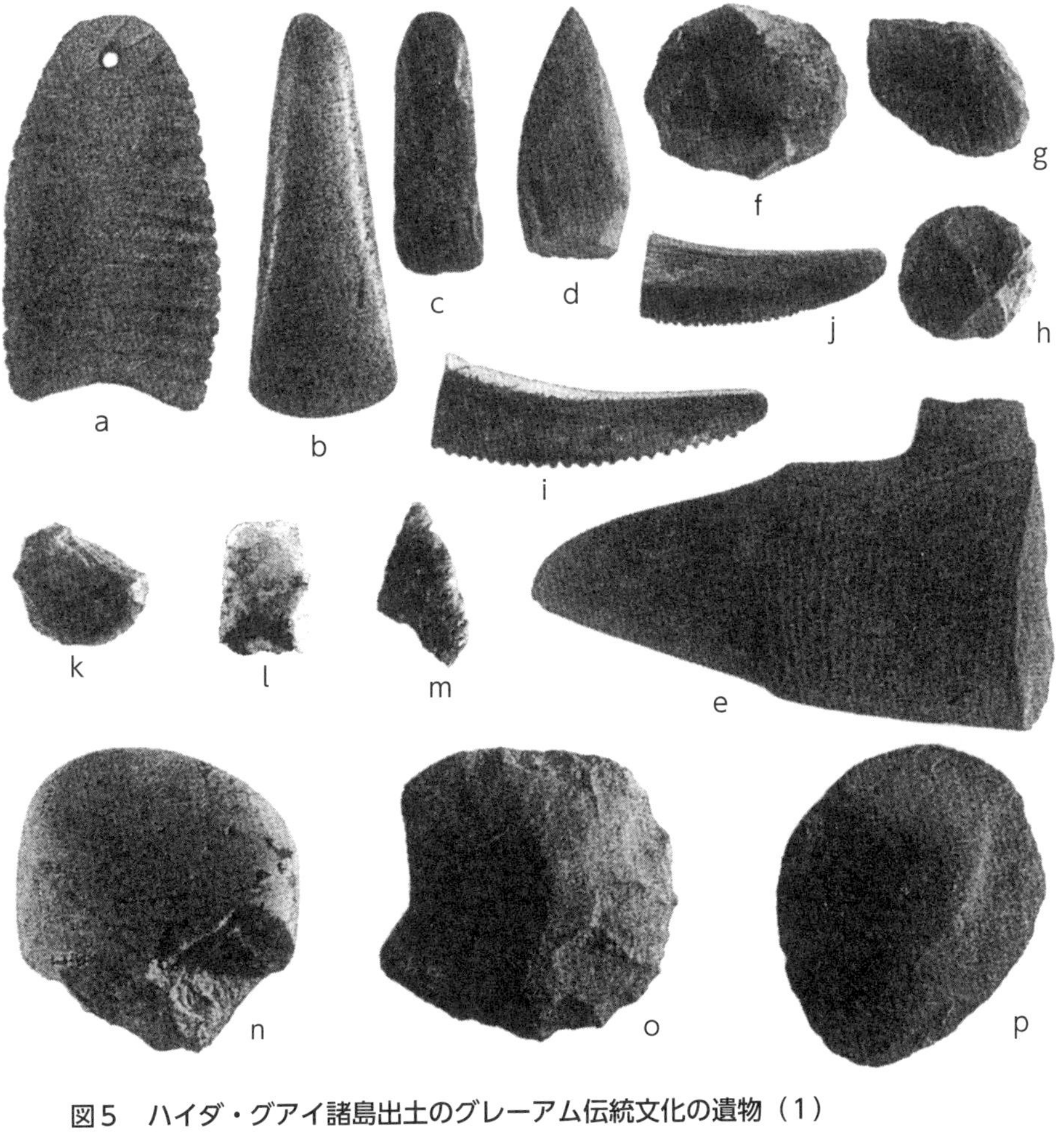

図5　ハイダ・グアイ諸島出土のグレーアム伝統文化の遺物（1）

a 刻み目をもつ石器、b・c 磨製石斧、d スレート製鏃、e 動物を模した棍棒、f 玄武岩製剥片、g 玄武岩製スクレーパー、h 玄武岩製円形スクレーパー、i・j 磨製石器、k 玉髄製掻器、l 玉髄製石器、m 黒曜石製鏃、n 磨き石、o 円形削器、p 円形削器.
a の長さ6.5cm、他は同じスケール。

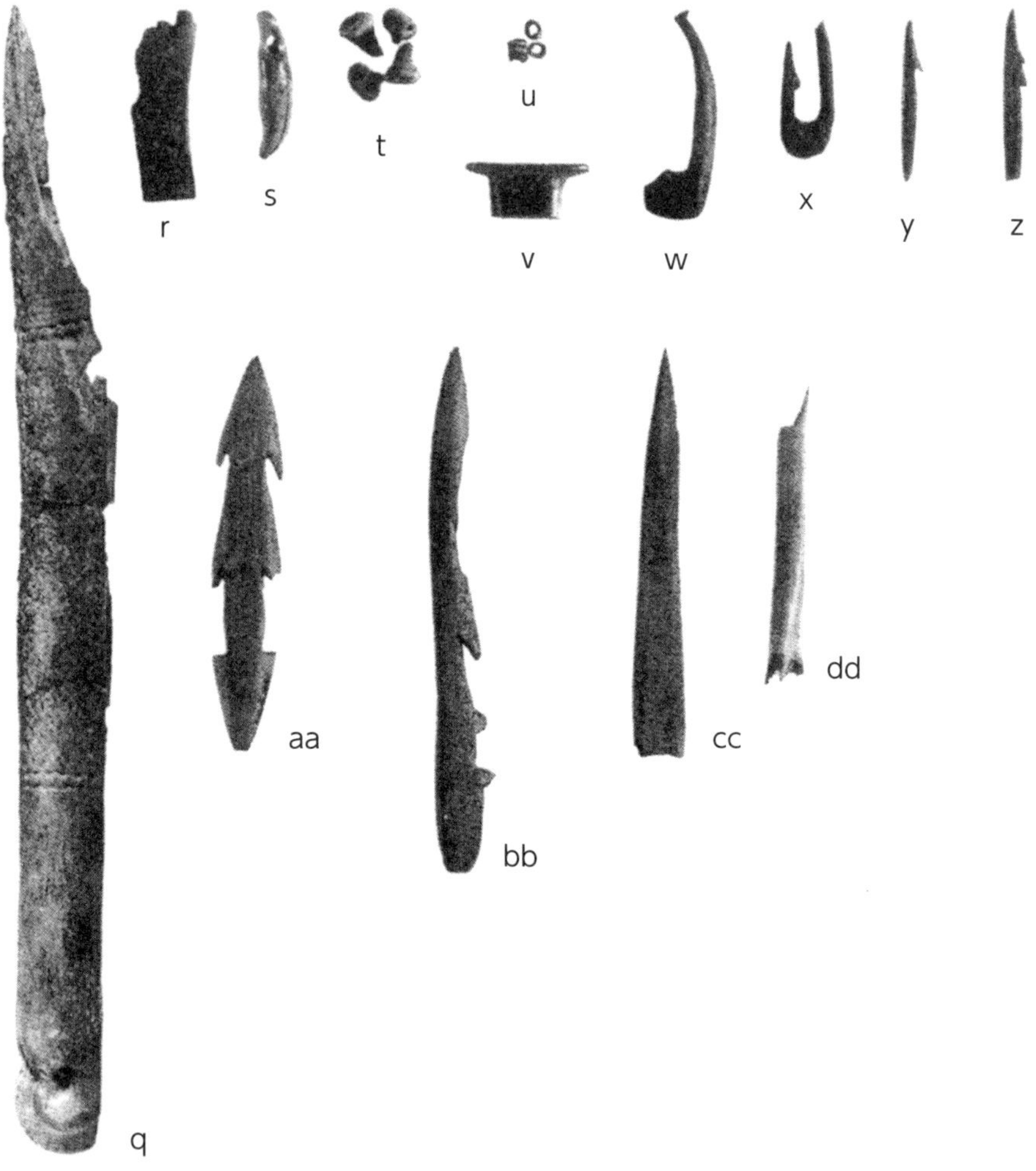

図6　ハイダ・グアイ諸島出土のグレーアム伝統文化の遺物（2）

q カリブーの足を模した線刻のある骨製品、r 角製櫛、s 犬歯製ペンダント、t ラッコの歯製ビーズ、u 貝製ビーズ、v 黒玉製唇飾り、w 釣り針の軸部、x 逆刺付き釣り針、y・z 逆刺付き銛、aa・bb 逆刺付き銛、cc 哺乳動物製の押し錐、dd 鳥骨製押し錐。

ある（MacDonald, 一九八一）。

プリンス・ルパートI文化期の初めに葬制の変化と人口の増加という大きな動きがみられたが、それ以降は前の文化の伝統を受けつつ、人々は漁撈を主体とした生活を営み、安定した日々を過ごしたと思える。

●ハイダ・グアイ諸島

この諸島の時代区分は、考古資料から先史と歴史時代に大別できる。紀元前三〇〇〇年から二〇〇〇年ころを過渡期複合文化、紀元前二二〇〇年から紀元後一八〇〇年前後をグレーアム伝統文化にである。

この分類基準は、細石刃インダストリーの消滅と貝塚の出現である。そのメルクマールになったのが、ブルージャケッツ・クリーク遺跡である（Severs, 一九七四）。

過渡期複合文化は、考古学者のフラッドマークが提唱した。これまでは、モアスビ伝統文化と紀元前三〇〇〇年から二〇〇〇年ころの大陸側の新しい文化要素が交じり合った短い文化期と考えられていた（Fladmark, 一九七二）。しかし、その後の調査により、独自の技術を維持しながら長期にわたって継続していた文化とわかった。

過渡期複合文化の特徴は、玄武岩を用いたさまざまな片面加工の剥片石器の存在、細石刃のような剥片を細長く打ち割ったブレイド（石刃）が多く使われたこと。石器の製作法にモアスビ伝統文化を思わせるものがあり、スクレーパー（掻器）の機能をもつ剥片石器は区別しがたいほどである。グレーアム伝統文化の遺跡や貝塚以外でも過渡期複合文化の存在が確認されている。たとえば、スコグランズ・ランディング遺跡のゾーンⅡやローン・ポイント遺跡のコンポーネントⅠの堆積層においてである。過渡期複合文化がグレーアム伝統文化と同一期にあるにもかかわらず、異質な面があるといわれる。それは文化自体なのか、それともグレーアム伝統文化特有の技術的要素や居住パターンなのか、意見のわかれるところである。

いっぽう、グレーアム伝統文化は紀元前三〇〇〇年ころに始まり、ハイダ・グアイ諸島においてヨーロッパ人と接触する紀元後一七七四年までつづいたが、紀元後一年以降の出土遺物はほとんどない。

発掘された遺跡ではブルージャケッツ・クリーク（Severs, 一九七四）、ホンナリバー（MacDonald, 一九六九）、トウヒル（Severs, 一九七五）、カウンシール（Severs, 一九七四a・b）などがあり、いずれも同じ場所に一〇〇〇年以上にわたって人々が住んでいる。

グレーアム伝統文化期には細石刃インダストリーは伴出しないが、モアスビ伝統文化の前半にみられるような玄武岩を使った片面加工の石器、玉髄《ぎょくずい》製の石器、磨製石器が存在することは、二つの文化期の間にある程度の継続性があったのではなかろうか。

モアスビ伝統文化の打製石器には両面加工の技法をみないが、グレーアム伝統文化では遅い時期になってから出現する。それはブルージャケッツ・クリーク遺跡で出土した円形石器や円形削器、打製石鏃に用いた技法などからわかる。その石鏃は大陸産の黒曜石である（Carlson，一九八三）。

紀元前二〇〇〇年ころ以降のグレーアム伝統文化からは、打製石器とともにさまざまな敲打《こうだ》石器、研磨石などが見つかり、ブルージャケッツ・クリーク遺跡でも、敲打技法と研磨で仕上げた小型石斧ないし鑿《のみ》の断片がたくさん出土している。

これらの石器類はグレーアム伝統文化固有のものである。なお、スレート質の尖頭器やナイフも使われたが、それはごく一部にすぎない。のちの時代に北部沿岸域で用いられた木工具の大型割り斧は、グレーアム伝統文化の遺跡からは見つかっていない。動物を模した棍棒や唇飾りや研磨した縞《しま》状の丸石といったものの存在はわずかである。

ブルージャケッツ・クリーク遺跡の骨角製の逆刺付き銛は、北西太平洋岸の北部一帯に分布する初期遺跡でみられる左右相称《そうしょう》型のものである。

釣り針の軸部はプリンス・ルパート・ハーバー域の各遺跡からは未出土だが、バンクーバー島西岸の南にある貝塚では確認されている（Dewhirst, 一九八〇）。

押し錐、穿孔具《せんこう》、骨針、逆刺付き銛、逆刺が一つ付いた釣り針も出土している。骨製の櫛《くし》（なかには櫛の表面に幾何学模様を施文《せもん》したものもある）、骨・歯・牙・貝を素材としたペンダント、ビーズなどをブルージャケッツ・クリーク遺跡の人たちは着用していた。装身具のいくつかは墓跡からも出ており、そこからは網目やジグザグ、円形といった幾何学模様のある、カリブーの足を模した台が二例確認された。

ブルージャケッツ・クリーク遺跡では、一四例の墓跡が調査され、二五体の人骨が検出された（Murray, 一九八一）。そのうち三体は、墓壙《ぼこう》に座った姿勢で安置されており、また一つの壙《あな》には二人の壮年が埋葬され、四つの壙には赤い土の代赭《たいしゃ》を撒《ま》いていた。ほかの遺骸は屈葬され、何体かには副葬品があった。三体には上下の小臼歯と臼歯に口内擦過痕があり、これは唇飾りの装着によるものである（Severs，一九七四ａ）。

四例の遺体から採取した骨コラーゲンの放射性炭素一四による年代測定では紀元前二九〇〇年から二〇〇〇年前後と算出されたが、ほとんどの墓跡の年代は紀元前二〇〇〇年ころと思われる。

ハイダ・グアイ諸島の貝塚における埋葬例は、プリンス・ルパート・ハーバー遺跡群よりも五〇〇年ほど早く、唇飾りや手の込んだ副葬品もブリティッシュ・コロンビア州の北部沿岸域のどこよりも早く始まったのではなかろうか。

ブルージャケッツ・クリーク遺跡では、加熱によって砕けた石が残る炉跡、竪穴住居跡、小さな柱穴跡が見つかっている。この住居跡は歴史時代の大型家屋にみられる特徴を備えず、人々が集落に定住した痕跡も少ない。ただし、モアスビ伝統文化の人たちよりも長い期間一か所で暮らしている。

ブルージャケッツ・クリーク遺跡の貝塚で動物遺存体が多種確認されたことから、居住者が一年とおしてそれぞれの時期に食べ物を獲得したことがわかった。これに対し、グレーアム島の北東端にあるトウヒル遺跡では、人々が季節ごとにここへ来て短期間漁撈に従事したらしい。

グレーアム伝統文化には、大陸とは異なる独自の文化進展があった。それは骨角器の出土量よりも石器が多く見つかっていること、そして島と大陸とで木工具の種類と数に格差をもつことである。わずかな大陸産のものをのぞけば、ハイダ・グアイ諸島の打製石器には両面加工のものがない。さらに、諸島の人たちが最も重点をおいたのは、海洋哺乳動物の捕獲だった。

一八世紀末以降、プリンス・ルパート・ハーバー一帯に大型の貝塚が出現するのに対し、ハイダ・グアイ諸島では確認されていない。

ハイダ・グアイ諸島の先史文化の独自性は、紀元前一〇〇〇年ころまで維持され、それ以降はプリンス・ルパート・ハーバー域と並行しながら発展したことが、黒曜石の交易からもわかる（Carlson, 一九八三）。なかでも、諸島内に分布する磨き込んだ石製品にはみごとなものが多く、プリンス・ルパート域の同時代の貝層から出土する動物を模した棍棒の意匠と同一のものが出ている。

海峡を隔て対岸どうしで人々の交流があった背景には、植生の変化があったのでなかろうか。このころ、海岸域にシダーの繁茂が拡大し、やや遅れてハイダ・グアイ諸島のグレーアム島でも繁殖し始める（Hebda and Mathewes, 一九八四）。島の人たちは群生しつつあったシダーを利用し、荒海を航行するのに適した大型の丸木舟をつくり、大陸と往来したと考えられる。

●スキーナ川 ―キツェラス峡谷―

スキーナ峡谷は、州内でフレーザー川に次いで長いスキーナ川が造り出したものである。渓谷のあちらこちらに、先住民の遺跡が点在し、なかでもトーテム・ポールは圧巻で、なかには一九世紀中ころにつくられたものもある。キトワンガ、キトワンクール、キツェラグエクラ、キスビオクスの地にもみごとなトーテム・ポールが姿をとどめている。

スキーナ川とバルクレー川の合流点にある先住民の集落跡を復元したクサンには、トーテム・ポールやロングハウス（共同長屋）が建ち、往時の人々の暮らしがしのばれる。クサン歴史博物館には、先住民の品々が多く展示されているし、近くのヘイゼルトンには風雨に堪えたトーテム・ポールが歴史を刻んでいる。

大陸のほぼ東から西へ流れるスキーナ川の中流域にあるギタウス遺跡とポールメイソン遺跡の出土遺物は、紀元前二三〇〇年から一六〇〇年くらいのギタウス文化期に属する。

この文化期は前のボーナイト文化期とはだいぶ異なっている。細石刃は姿を消すが、魚の調理用に使われたと思われる円形石器、円形削器などは、この文化期でも存在する。

磨製石器の出土量および種類が増加し、スレート質の尖頭器、鋸歯状《きょしじょう》石器も登場する。こうした石器は、骨・角・木材といったものの加工が盛んになったことを示している。なお、木葉形の投槍用尖頭石器の出土例は少ない。

ギタウス遺跡とポールメイソン遺跡の遺物から、人々が季節ごとに来ては漁撈活動を営んだことがわかる。ここの遺物はプリンス・ルパート・ハーバー域のものと類似点が多い。

この文化期の人たちはプリンス・ルパート・ハーバー域で冬期を送り、サケが遡上するシーズンにキツェラス峡谷へ移動したらしい。しかし、彼らが長い歳月とどまって漁をした遺構は未確認である（Coupland, 一九八五）。

紀元前一六〇〇年から一二〇〇年くらいに存在した《スキーナ文化》期は、スキーナ川の中流域のギタウス遺跡と上流域のハグウイルゲット遺跡の遺物群によって代表される（Allaire，一九七九、Ames，一九七九）。

たとえば、打製石器、木葉形の投槍用尖頭石器などの使用度が増し、尖頭石器や研磨器も多く用いられ、円形石器が道具の大部分を占めている。ことに投槍用の尖頭石器が目立って多く出現するのは、狩猟活動が主体的になってきたからだという説が強い（Allaire，一九七八、Coupland，一九八五）。

しかし、二人の研究者の見方はいくぶん異なる。スキーナ複合文化は、キツェラス峡谷で暮らしていた人たちが他地域に移り、そこへ前の時期にプリンス・ルパート・ハーバー域にいた人々が移住して築き上げたと、アレールは考えている。

それに対し、カップランドはギタウス文化期とスキーナ文化期のちがいを、湾岸域の住民が峡谷地帯を利用することで生活基盤が安定したためとする。彼らは食べ物を求めて季節ごとに来てキャンプ的な日々を過ごしたという。

現在のところ、発掘資料が少ないうえに、人々が居住したといえる遺構が確認されていない。

紀元前一二〇〇年から七〇〇年ころにかけて開花したポールメイソン文化期は、ポールメイソン遺跡の出土遺物によって命名された。この文化期は、過去五〇〇〇年にわたる北部海岸域の社会的推移をとらえる点からも重要である。

ポールメイソン文化期の遺跡は、二棟つづきの長い家を中心に一〇軒の長方形の住居からなる小集落を構成している。ポールメイソン遺跡では一二軒の住居跡が確認され、このうち二軒は時期不明である。この小さな集落跡はスキーナ川に面した急斜面に営まれており、竪穴住居跡は一般に小形で、大きくても六・六m×一一mを測り、この広さは北アメリカ西部におけるこの時代の住居跡に等しい。

出土遺物は、投槍用の尖頭器などの打製石器が少なくなり、代って伐採用の磨製石器が多く使われた。こうした石器の変化は、陸生哺乳動物の捕獲に重点がおかれたからともいわれている（Coupland, 一九八五）。

この文化期における大きな変化は、歴史時代の集落跡にみられる空間構成をもつ定住型集落の出現である。集落内においては家の大きさにちがいはなく、それによって生活する家族の身分差をあらわすことはなかった。

ここの集落跡では、人々が一年をとおして渓谷で過ごし、何世代にもわたり血族が結集していた。その背景には、サケの集中的な資源利用があったと思われる（Coupland, 一九八五）。

紀元前七〇〇年ころから紀元後五〇〇年前後にかけクリーンザ文化期が興隆した。この文化期の名称はギタウス遺跡からの出土遺物による。前段階の文化期と物質文化は同じであるが、骨角器の製作に用いられた研磨器の増大が注目される。そして漁も盛んだったらしく、魚網用の石錘《せきすい》が多く見つかる。

そのほかに唇飾り、スレート質の剣、身分の高さを示すものか、あるいは儀礼用としての鏡、石斧といったものの出土が目立って多くなる。

ギタウス遺跡では、竪穴住居跡は確認されていないが、大きな竪穴状遺構は見つかっている。この遺構に着眼したカップランドは、ポールメイソン文化期の住居跡をクリーンザ文化期の人たちが、建て替えて使用したのではないかと考えた。こうした事例は、ほぼ同じ時期にあたるプリンス・ルパートⅡ文化期でもしばしばあった。

六　おわりに

モアスビ伝統文化は、北部太平洋岸に出現した最古の文化である。モアスビ島の潮間地帯とスコグランズ・ランディング遺跡から出土した遺物群は、技術面でモアスビ伝統文化とは異なっており、時代的に古いものではないかという意見が多い。

モアスビ伝統文化の基本要素は、細石刃と円形石器の存在である。細石刃技術は、かぎられた石材でたくさんの植刃《しょくじん》をつくり、それを木や骨の柄にとりつけているので、使いやすく、かつ効率的な道具である。

いっぽう、円形石器は簡単にできる多目的な道具で、この技術はキツェラス・キャニオンに開花した大陸最古の文化であるボーナイト文化期に登場する。

この細石刃インダストリーは、最終的にはアラスカの初期細石刃伝統文化やナム遺跡の最古の遺物と技術的につながっている（Carlson, 一九七九、Hester and Nelson, 一九七八）。

このような道具を用いたのは、移動しながら狩猟・漁撈・採集生活を送っていたわずかな人たちらしく、彼らは舟をもっていたらしい。しかし、人々の経済や社会についてはよくわからないが、石器の製作術は高いものを修得していた。

有機質が残っていないため、居住者の初期の暮らしぶりを推定しがたいが、モアスビ伝統文化の遺跡の大半が潮の影響を受ける浜辺に位置することや、石製の投槍用尖頭器が出土しないことなどから、沿岸域の資源を手にしていたのではなかろうか。

ハイダ・グアイ諸島の過渡期複合文化は、モアスビ伝統文化とその後のグレーアム伝統文化の特徴をいくつかふくんでいる。

この複合文化が二つの伝統文化と、どのくらい関連があるのか、また過渡期複合文化は独自の社会的あるいは文化的集合体なのか、それともグレーアム伝統文化特有の技術的側面をもっていたのかは不明である。

紀元前三〇〇〇年ころを境目にし、それ以降、この地域の考古資料には貝塚の出現という大きな変化が起こり、とくに潮間地帯の資源が利用されたらしい。貝塚出土の遺物には、陸生・海洋哺乳動物の狩猟・漁撈・潮間地帯の貝類や海藻類の採集がおこなわれたことを示すものが多い。

人々は小さな集団で季節ごとの移動生活を送っていたらしく、つぎの五〇〇〇年間ほどの基本的な生活用具は、この時代に登場していた。

その事例を二つほどとりあげておこう。一つは骨・角・木などの有機質で道具をつくる新たな技術が、経済的に豊かな遺跡に出現している。このことは、こうした技術が紀元前三〇〇〇年ほど以前から、ここいらの地域に存在したことをうかがわせる。

また、紀元前約四〇〇〇年のモアスビ伝統文化の遺跡から研磨器が出土したことは、貝塚の出現につながる変化が実質的に始まったことを示しているのではなかろうか。紀元前七八〇〇年ころには、似たような遺物が沿岸の至る所に出現しており、この技術が紀元前三〇〇〇年以前になかったとは考えられない。

二つめは、グレーアム伝統文化とプリンス・ルパート域の物質文化のあいだには、両地域の生活パターンに類似性があるのに、先史時代の終わりまで大きなちがいがみられるという点である。

プリンス・ルパート域にあっては、集落跡により、微環境の利用方法が異なるのは社会的な差によるものである。動植物の棲息環境を集中的に資源利用すると同時に、ユーラコンやサケなどの重要な食料源を求めて他地域へ季節ごとに移動した痕跡がある。

キツェラス・キャニオンには紀元前七〇〇〇年ころの定住型集落跡が少なくとも一つあり、プリンス・ルパート・ハーバー域とハイダ・グアイ諸島でも似たような集落跡が見つかる可能性がある。

プリンス・ルパート・ハーバー域で出土した動物遺存体は、ここが一年をとおしての居住地であったことをうらづけるもので、ハイダ・グアイ諸島にも、より定住化した生活の跡が多く残っている。定住生活は過去およそ五〇〇〇年間における最大の変化といえる。

人々が定着することにより、大きな変化がつぎつぎと起こった。プリンス・ルパート・ハーバー域の人口は急増していった。生活基盤は、プリンス・ルパート域では多様化し、海洋哺乳動物がより重視されるとともに漁撈も強化されて、捕獲量は増え、ここに至り大きな漁場が開拓された。ハイダ・グアイ諸島には、生活基盤を広く海に求めた証拠が残っている。また、キツェラス・キャニオンでは、サケが主要な食料基盤だった。

プリンス・ルパート・ハーバー域では葬制に大きな変化があらわれる。個人の身分を示すものが紀元前五〇〇〇年ころにあったことや、戦闘が地域に起こり始めたことは疑いない。

木製品の需要が増し、これらに北西部沿岸の意匠が取り入れられ、同時にシダーの森の成長が彼らの生活に大きくかかわっている。

交易や生活資源を求めての季節ごとの移動があったことは、この地域とほかの沿岸地域（たとえば同時期に似たような発展を遂げていたブリティッシュ・コロンビア州南部沿岸）との共通した遺物様式の存在からわかり、歴史時代を理解するには北西部沿岸全域をとらえるしかない。

マクドナルドが唱えた共通した伝統文化地域、あるいは関連領域が紀元前一五〇〇年から五〇〇年くらいに発展したと考えられる（MacDonald, 一九六九）。

こうした傾向が紀元後一年から五〇〇年ころまで継続し、これ以降については、ハイダ・グアイ諸島とキツェラス・キャニオンから実証する考古資料は出ていない。

プリンス・ルパート・ハーバー地域では葬制が歴史時代へと受け継がれたが、貝塚へ埋葬する風習は消えた。しかし、デザインや工芸技術はこれ以降も発展をつづけ、厚い板材を使っての大型家屋が建てられ、身分を象徴するものや武器もどんどんつくられた。

これは、紀元前五〇〇年以前の文化が歴史時代まで基本的に存続したことを示している。人口はある水準で安定するとともに減少したと思われる。

また、さまざまな資源基盤が縮小され、やがてサケ漁に人々は集中していった。ハイダ・グアイ諸島とキツェラス・キャニオンにおける発掘資料が不足しているため、人口については説明できない。

ブリティッシュ・コロンビア州の北部太平洋岸一帯は、以上のような発展を遂げていった。キツェラス・キャニオンとプリンス・ルパート・ハーバー域に居住した人々が、過去四〇〇〇年余にわたって同じ地域の伝統文化を共有したが、ハイダ・グアイ諸島の人たちが、島という立地によって独自の文化を維持したこともみのがせない。定住生活の発展、サケを中心とした漁撈の集中化、複雑な社会機構の進展などは共通している。

これまで、紀元前三〇〇〇年ころに潮間地帯の貝類の採集が急に重視されたこと、厚い板材の家屋の出現によって示される家族構成の変化、定住型集落の形態、人口増加と戦闘の原因と結果、社会的身分の進展、葬制の変化、生活形態と多様化、環境の変化による影響などを、まとめてみた。

参考・引用文献

Allaire, Louis.

1978　L' Archéologie des Kitselas d' après le site stratifié de Gitaus (GdTc:2) sur la rivière Skeena en Colombie Britannique. *Canada. National Museum of Man. Mercury Series. Archaeological Survey Papers* 72. Ottawa.

1979　The Cultural Sequence at Gitans: A Case of Prehistoric Acculturation. Pp. 18-52 in Skeena River Prehistory. G. F. MacDonald and R. I. Inglis, eds. *Canada. National Museum of Man. Mercury Series. Archaeological Survey Papers* 89. Ottawa.

Ames, Kenneth M.

1979　Report of Excavations at GhSv2, Hagwilget Canyon. Pp. 181-218 in Skeena River Prehistory. G. F. MacDonald and R. I. Inglis, eds. *Canada. National Museum of Man. Mercury Series. Archaeological Survey Papers* 87. Ottawa.

Armstrong, J. E.

1966　Glacial Studies, Kitimat-terrace Area. P.50 in Report of Activities, May to October, 1965. SE. Jenness, ed. *Geological Survey of Canada Papers* 66-1. Ottawa.

Calvert, Sheila Gay,

1968　The Co-op site: A Prehistoric Midden on the Northern Northwest Coast. University of British Columbia, Vancouver.

Calrson, Catherine.

1979　Preliminary Report on Excavations at Bear Cove (Site EeSu 8), Port Hardy, British Columbia. Victoria, British Columbia.

Carlson, Roy L.

1954　Archaecological Investigations in the San Juan Islands. University of Washington, Seattle.

1983　Prehistory of the Northwest Coast. Pp. 13-32 in Indian Art Traditions of the Northwest Coast. Roy L. Carlson, ed. Burna by, British Columbia. Archaeology Press, Simon Fraser University.

Clague, John J.

1984　De-glaciation of the Prince Rupert-Kitimat Area, British Columbia. The Geological Survey of Canada, Vancouver.

Coupland, Gary C.

1985 Prehistoric Cultural Change at Kitselas Canyon. University of British Columbia, Vancouver.

Cybulski, Jerome S.

1978 Modified Human Bones and Skulls from Prince Rupert Harbour, British Columbia. *Canadian Journal of Archaeology* 2:15-32.

Drucker, Philip.

1943 Archaeological Survey on the Northern Coast. *Anthropological Papers* 20, *Bureau of American Ethnology Bulletin* 133. Washington. (Reprinted: Shorey Book Store, Seattle, Washington, 1972)

Duff, Wilson, and Michael Kew.

1958 Anthony Island: A Home of the Haidas. Pp. 37-64 in *British Columbia Provincial Museum of Natural History and Anthropology, Report for the Year 1957*. Victoria.

Fladmark, Knut R.

1971 Early Microblade Industries on the Queen Charlotte Islands. (Paper Presented at the 4th Annual Conference of the Canadian Archaeological Association, Calgary, Alta.)

1972 Prehistoric Cultural Traditions on the Queen Charlotte Islands. (Paper Presented at the 25th Annual Northwest Anthropological Conference, Portland, Oreg.)

1975 A Paleoecological Model for Northwest Coast Prehistory. *Canada. National Museum of Man. Mercury Series. Archaeological Survey Papers* 43. Ottawa.

1979 The Early Prehistory of the Mammals of the Queen Charlotte Islands. *Archaeology* 32(2): 38-45.

Fladmark, Knut. Ames, Kenneth, and Sutherland, Patricia.

1990 Prehistory of the Northern Coast of British Columbia. *Handbook of North American Indians. -Northwest Coast-* Vol. 7:229-239. Smithsonian Institution, Washington D. C.

Foster, J. Bristol.

1965 The Evolution of the Mammals of the Queen Charlotte Islands, British Columbia. *Occasional Papers of the British Columbia Provincial Museum* 14. Victoria.

Hebda, Richard J., and Rolf W. Mathewes.

1984 Postglacical History of Cedar and Evolution of Northwest Caost Native Cultures. (Paper presented at the 35th Annual Northwest Anthropological Conference, Simon Fraster University, Burnaby, British Columbia.)

Hester, James J., and Sarah M. Nelson, eds.

1978 Studies in Bella Bella Prehistory. *Simon Fraser University. Department of Archaeology Publications* 5. Burnaby, British Columbia.

MacDonald, George F.

1969 Preliminary Culture Sequence from the Coast Tsimshian Area, British Columbia. *Northwest Anthropological Research Notes* 3(2):240-254. Moscow, Idaho.

1971 Prince Rupert Midden Rebuilt in Ottawa Museum: Report of Activities on the Northern Coast of British Columbia, 1971. *The Midden: Publication of the Archaeorogical Society of British Columbia* 3(5):2-4. Vancouver.

1981a Cosmic Equations in Northwest Coast Indian Art. Pp. 225-238 in The World Island As Sharp As a Knife: An Anthology in Honour of Wilson Duff. Donald Abbott, ed. Victoria: British Columbia Provincial Museum.

1981b An Overview of the North Coast Prehistory Project (1966-1980). Pp. 37-63 in Fragments of the Past: British Columbia Archaeology in the 1970s. Knut R. Fladmark, ed. British Columbia Studies 48 (Winter). Vancouver.

1983a Haida Monumental Art: Villages of the Queen Charlotte Islands. Vancouver: University of British Columbia Press.

1983b Prehistoric Art of the Northern Northwest Coast. Pp. 99-120 in Indian Art Traditions of the Northwest Coast. Roy L. Carlson, ed. Burnaby, British Columbia.: Simon Fraser University, Archaeology Press.

May, Joyce.

1979 Archaeological Investigations at GbTn:19, Ridley Island, a Shell Midden in the Prince Rupert Area. Archaeological Survey of Canada Archives, Ottawa.

Murray, Jeffrey S.

1981 Prehistoric Skeletons from Blue Jackets Creek (F1Ua4), Queen Charlotte Islands, British Columbia, Pp. 127-175 in Contributions to Physical Anthropology, 1978-1980. L. S. Cybulski, ed., *Canada National Museum of Man. Mercury Series. Archaeological Survey Papers* 106. Ottawa.

Severs, Patricia.

1974 A View of Island Prehistory: Archaeological Investigations at Blue Jackets Creek, 1972-73. *The Charlottes: A Journal of the Queen Charlotte Islands* 3:2-12. Queen Charlotte, British Columbia.

Severs, Patricia.

1974a　Archaeological Investigations at Blue Jackets Creek, F1Ua4, Queen Charlotte Islands, British Columbia, 1973. *Canadian Archaeological Association Bulletin* 6:163-205.

1974b　Salvage Archaeology at the Council Site, GAUb-7, Queen Charlotte Islands. Archaeological Sites Advisory Board of British Columbia, Vancouver.

1975　Recent Research into the Prehistory of the Queen Charlotte Islands. *The Midden: Publication of the Archaeological Society of British Columbia* 7(2):15-17. Vancouver.

Stewart, Hilary.

1977　Indian Fishing: Early Methods on the Northwest Coast. Seattle: University of Washington Press.

Sutherland, Patricia C.

1980　Understanding Cultural Relationships Across Hecate Strait, Northern British Columbia. Canadian Archaeological Association, Saskatoon, Sask.

関　俊彦

1993年　「北米・北西海岸地域の先住民の生活」『考古学の世界』9号、44 ~ 76頁、学習院考古会

1994年　「北アメリカ・北西海岸地域の先住民の造形表現」(1)『武蔵野美術大学紀要』24号、137 ~ 150頁、武蔵野美術大学

◎関　俊彦

2006年　「カナダ北西海岸の先史文化」『考古学の諸相』Ⅱ、1 ~ 23頁、坂詰秀一先生古稀記念論文集刊行会

第二章　セーリッシュ海域の先史文化

ブリティッシュ・コロンビア州は、海や川、島、森などの天然資源に恵まれ、この地に暮らした先史から歴史時代までの人々は、きわめて高い物質文化を生み出した。

ここでとりあげる地域は、バンクーバー島の南部とアメリカ合衆国ワシントン州にまたがっている。島を大陸と分けているのが先住民のいうセーリッシュ海（旧名ジョージア海峡）である。海峡沿いには低地が広がり、海や森がもたらす豊富な恵みが先住民の生活と文化を支えてきた。

そのひとこまを見られるのがロイヤル・ブリティッシュ・コロンビア博物館の三階で、先住民の各種族の生活様式などを展示している。

こんかいは、彼らが住み始める以前のこの地域における文化をさぐってみる。この地域における先史文化を調べるうえで、つぎのような試みをした。セーリッシュ海をはさみ北部と南部では地理的景観や生態学的な面で共通性がいくつかあるため、特徴的な考古資料を文化の構成要素とみたて、これを《文化型》分類のメルクマールとした。年代値は放射性炭素一四から得たものを使った（Damon, 一九七四）。

カナダ政府は二〇一〇年にヨーロッパ人が命名した海や島名などを、先住民が古来から呼称したものに一部改名した。本稿でもそれに従ったが、文化型名は研究者の名付けたものを用いた。

本文をまとめるにあたり、多くの助言と論文を参考とさせてもらったドナルド・ミッチェル氏に感謝している（Mitchell, 一九九〇）。

一　はじめに

地元の人々はセーリッシュ海をガルフとよんでいる。この一帯にはヨーロッパ人と接した時代、つまりコンタクト時代と称されるころ、先住民のあいだでは、ノーザンおよびセントラルコースト・セーリッシュ語からなる八種のセーリッシュ語が話されていた。

彼らの生業は海と川に棲息《せいそく》する魚介類の捕獲で、補助的に狩猟と食用植物の採集をおこなっていた。この形態は民族誌の事例や考古資料ならびに生態系などから五〇〇〇年ほど前までさかのぼれる。

セーリッシュ海周辺に住んだセーリッシュ族の生活の舞台は、地域によって少なからず文化要素に差があるため、いくつかに分けられ、そのことは石彫や他の遺物から傍証《ぼうしょう》できる（Duff, 一九五六a、Mitchell, 一九七一）。

こうした試案により、セーリッシュ海の北部と南部は大まかにひとつのユニットに、そしてもうひとつはフレーザー・キャニオンとの二群に区分できる。

しかし、二地域から出土するものが石器類にかぎられ、フレーザー・キャニオン地域からは木や皮などの製品の残存例がほとんどないうえに、文化の推移を示すものに欠けるため、地域全体の文化体系の構築がむつかしい現状である。

フレーザー川の河口やその近辺にあるロカルノ・ビーチ、マーポール、ウェーレン・ファーム、ビーチ・グローブ、マスキーム・ノースイーストなどの諸遺跡からの出土品は、セーリッシュ海南部の文化期の特徴をそなえている（Borden, 一九六八・一九七〇）。

現在のところサン・ファン島の文化体系については、考古学者カールソンにより再検討され、フレーザー川デルタの文化変遷としてあきらかになった（Carlson, 一九六〇）。また、マトソンによるロカルノ・ビーチ、マーポール、セーリッシュ海峡（旧名ジョージア海峡）という文化型には、いくつかの類似する構成要素があり、これらが分類の手がかりとなろう（Matson, 一九七四）。

なお、セーリッシュ海の北部と南部の文化型には、放射性炭素一四で測定したものが年代基準となっている。

たとえば、チャールズ文化型は紀元前四五〇〇年から紀元前一二〇〇年ころ、ロカルノ・ビーチ文化型は紀元前一二〇〇年から紀元前四〇〇年前後、マーポール文化型は紀元前四〇〇年から紀元後四〇〇年くらい、セーリッシュ海峡文化型（旧名ジョージア海峡文化型）は紀元後四〇〇年から紀元後一八〇〇年ころと推定されている（Robinson and Thompson, 一九八一）。ただし、これらの年代値や文化型の構成要素は確定的ではない。

二　ロカルノ・ビーチ文化型（紀元前一二〇〇年から四〇〇年前後）

この文化の構成要素は、考古学者ボーデンらが発掘した二九か所の遺跡でみられ、その分布はセーリッシュ海一帯とその周辺に及んでいる（Borden, 一九五〇）。

一九五一年、ボーデンは北西海岸文化の特徴をもたない、いわゆるエスキモー型文化をもつ人たちがセーリッシュ海辺に暮らしていたと論じた(Borden, 一九五一)。彼らはエスキモー文化を基盤としながら、この地の環境に順応したのではなかろうかとみた。

ロカルノ・ビーチ文化型は、いくつかの特徴をもち、その範囲はセーリッシュ海全域に広がる。他の文化型とは、いくぶん異なるところがある。

典型的な遺物といえば、玄武岩製の打製石鏃や水晶・結晶岩製の細石刃《さいせきじん》と細石核《さいせきかく》、粘板岩や砂岩製の剥片石器《はくへん》、粘板岩製のナイフや鏃《やじり》や石斧、骨製尖頭器と銛《もり》と釣り針、離頭銛、角製楔《くさび》、切り込みのついた石錘《せきすい》、イガイの斧、下唇を穿《うが》ち、木片を差し込んだ唇飾りといった、いろいろの道具である。ほかに骨や角に飾りをほどこしたものもある(図1)。

ピット川の河口にあるマスキーム・ノースイースト遺跡は湿地に面し、年代は紀元前一二五〇年ころと考えられる。

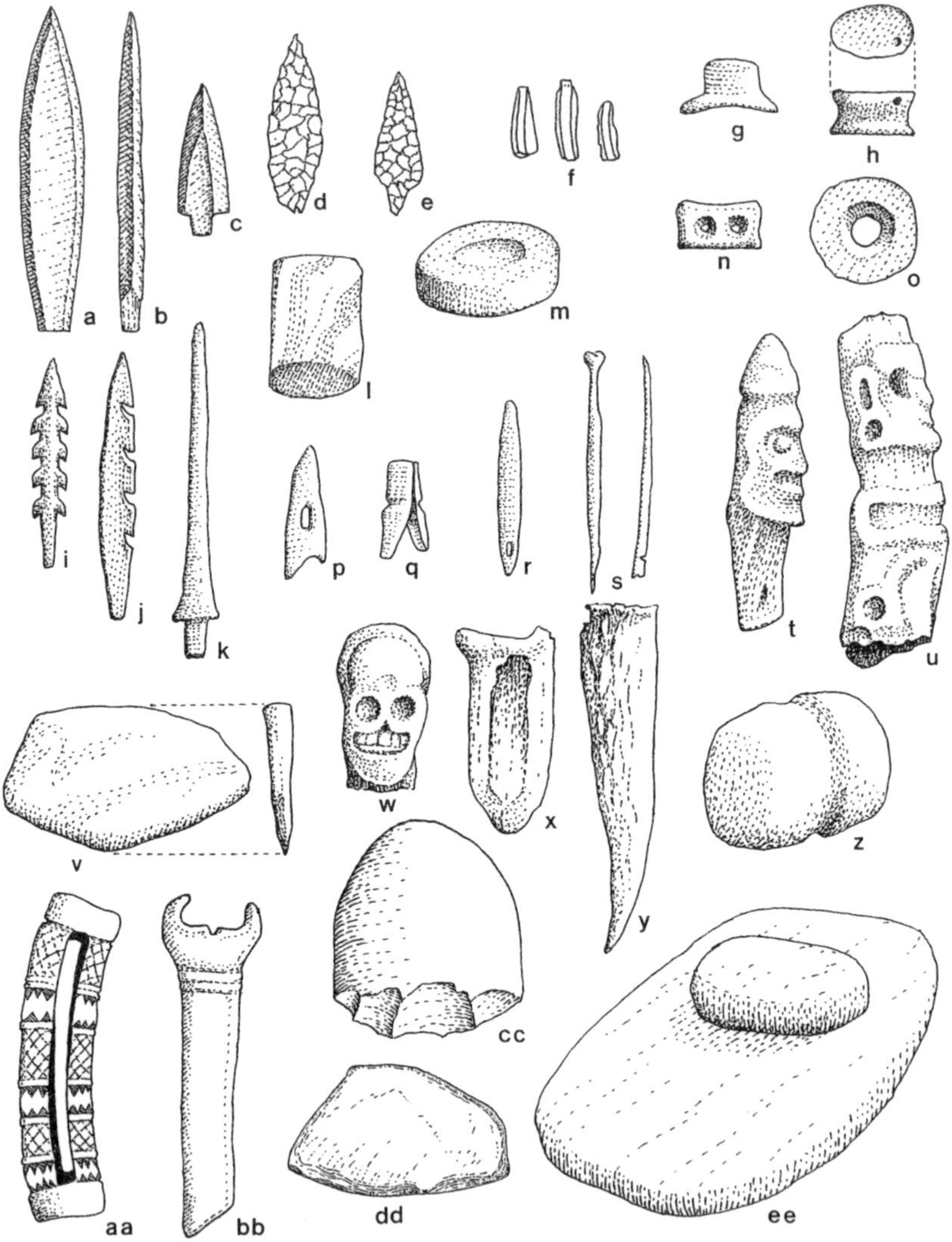

図１　セーリッシュ海北部と南部出土のロカルノ・ビーチ文化型（紀元前1200年から400年ころ）の遺物

a—c スレート製尖頭器、d・e 打製石鏃、f 細石刃、g・h 唇飾り、i—k 角製銛、複合式角製銛軸、l 磨製石斧、m・o 有孔石、n 石製ペンダント、p・q 離頭銛とバルブ、r 鳥製針、s 目玉模様や刻み目の入った骨針、t 人を彫った角製フック、u 角製彫像、v スレート製ナイフ、w 鹿の蹄に彫った人の頭蓋骨像、x 骨製楔、y 角製楔、z 石錘、aa 角に刻みを入れた断片、bb 鯨の尾鰭形の骨製ナイフ、cc 礫器、dd ナイフ、ee 石皿と磨り石。

ここからは植物や皮を材料とした製品が多く出土した。二本ないし四本で撚《よ》った網、撚り紐《ひも》、網、籠《かご》などが多数見つかった。

なかでも籠の編み方は多彩で、シダーの小技を細く裂《さ》いて撚った縦紐と横紐で編み、二段目からはしなやかになるように横紐を調節しながら包み込む形に編んだもの。それと格子柄と綾織《あやお》りを合わせた編み方、模様のないシンプルな編み方、斜め模様の編み方、こうしたさまざまな編み技法で帯状の模様を入れたものもある。

日常生活で使う荷物用籠のうち、長方形の底を綾織り技法で仕上げた例もある。

帽子もていねいに編み上げられ、先につまみがあるものもある。

イチイの木でこしらえた楔は、頭部にねじれた小枝の輪が付いた例もある。同じくイチイ材の釣り針、数枚の薄い端板で両端を補強した一連のシダーの樹皮板もある（Borden, 一九七六）。

●食べ物

ロカルノ・ビーチ文化期の人たちは、海岸線に沿うかのように貝塚を転々と残しており、そこからの出土遺物を調べると、食生活の一部が読み取れる。彼らが捕っていたものは、陸生哺乳動物ではワピチ、海生哺乳動物ではアシカ、ゴマアザラシ、イルカ、魚類ではサケ、ニシン、貝類、水鳥、ベリーなどの食用植物などである。貝塚によって動物遺存体の量は異なる。

ロワー・フレーザー・バレーを流れるピット川に面した遺跡を調査したパテノードやピーコックらは、人々が季節ごとに来ては獲物を手に入れたのではないかと推測している（Patenaude, 一九八五）。

遺跡の居住者はおもに魚、水鳥、大型動物を食料としながら、河岸に自生するベリーや食用植物といったたぐいも採集し、自然の移ろいとともにキャンプ地を去ったのではなかろうか。というのは、遺跡にみる文化層の堆積が薄く、出土遺物の量が少ないからである。

調査者キーンの報告によるとセーリッシュ海北部のツァブル・リバー・ブリッジ遺跡とバックリー・ベイ遺跡では、一年とおして人々は貝類を取っており、春と夏のシーズンが最盛期だったという。

両遺跡とも陸生哺乳動物、鳥類、魚類の遺存体を分析してみると似ており、ここでは年間をつうじて人が暮らしていたと推測される（Keen, 一九七五)。ピット川岸にあるピット・リバー遺跡は、出土遺物からすると、人々は夏の終わりから秋にかけて住みつき、サケ、ヒロハオモダカ、ベリーを取ったり、加工したりした短期のキャンプ地跡であったとみてよい (Patenaude, 一九八五)。

ごくわずかな遺跡データでは決めがたいが、ロカルノ・ビーチ文化期の人たちは食べ物を得るために、ある時期はある地に、あるいはかぎられた食種を求めて、一年のあいだそこで生活するなど、いくつかのタイプがあったとみてよい。

●石器・彫像品

この地に生活した人たちは、およそ五〇〇〇年間にわたり食べ物を得る手段として狩猟具と漁具を使いつづけてきた。

その一例をあげると、弓矢・石鏃・槍、骨鏃・銛・簎《やす》・釣り針・石錘・釣り竿、石刃などが遺跡から確認されている（Borden, 一九七〇）。

さらに長期間使用されたものに水晶・黒曜石・石英製の小型打製石鏃が、そしてスレート製のナイフが魚を切り分けるさいに使われたとみえ、刃部に動物の残存物が付着した例がテレブ遺跡などから見つかっている（Flenniken, 一九八一）。

また、熱した石を使って食べ物を煮たであろう細かく砕けた丸石や地面に掘った穴のなかで食料を蒸したさいに用いた焼け石などが大量に出ており、これらは人々の調理法を知る手がかりとなる。

ロカルフ・ビーチ文化期の人たちが木工品にも手腕を発揮したと思われる

資料をいくつか紹介しておこう。

湿地をひかえたマスキーム・ノースイースト遺跡からは、木を割るときに使ったであろう石製楔や木材の加工に使用したと考えられる手斧のたぐい、そして大量の木屑《きくず》が出ている。楔は住居の壁や屋根などに用いた厚板づくりに有益だったであろう。

この遺跡周辺では丸木舟を必要としたことから、太い木を刳《く》り抜くうえで楔や手斧は多用されたにちがいない（Borden, 一九五一）。

ロカルノ・ビーチ文化型とは、どんな文化要素から構成されていたのか、周辺の文化要素と比較することで特質がつかめてこよう。

そこでガルフ諸島の文化をとりあげてみた。この文化は独自性をもつのが特徴で、ソープストーン・木・骨・角を素材とした小物などが丹念につくられている。しかし、この種の小さな品々はロカルノ・ビーチ文化型には類例がない。

ただし、両文化は隣接しているため、ガルフ諸島の文化複合体とロカルノ・ビーチ文化型とは、今後の調査で関連性がわかるのではなかろうか。

というのは、ロカルノ・ビーチ文化型の構成要素のひとつである装飾用の加工物に注目したい。

その対象物には、ロカルノ・ビーチ遺跡出土の円錐形の頭飾りを付け、顎《あご》を突き出した人物像とクジラの尾でつくった彫像。マスキーム・ノースイースト遺跡の鹿角製スプーンの彫り物。ヘレン・ポイント遺跡やペンダー・カナル遺跡やツァブル・リバー・ブリッジ遺跡などの鹿角製の小型の彫り物である。

これらには、マーポール彫刻文化複合体とよんでいる彫像との共通性、彫像のポーズやプロポーション、突き出た眉毛《まゆげ》など、細部の様式は北西海岸北部のアートのさきがけを感じさせる（Mitchell, 一九九〇）。

しかし、歴史時代のコースト・セーリッシュ族らの残した彫像とは異なっており、伝統的要素はとだえてしまう。

●墓・人骨

コミュニティーの規模についての数字は不明であるが、後続する文化型と比較すると、集落跡は狭かったらしい。というのは、遺跡全体を発掘したものや、住居跡とおぼしきものを完掘していないからである。

この文化期における遺跡の発掘が少ないなかにあって、人々が葬られた土壙群《どこうぐん》の調査が数例ある。これらの報告から、当時の人たちの風習の一部がうかがえるため、参考までにかかげておこう。

形質人類学者らのあいだで話題にのぼるのが頭蓋骨変形で、これがこの文化期に一般におこなわれていたのか、それとも選ばれた人物のみを対象としたのかという疑問である。

これまでのデータからみると、頭部の変形は普及していなかったといえる。

ただし、四体の男性と一体の女性の頭部がラムダ（逆V字）形の例があった。このほかに六人の男性の歯に特殊な摩耗《まもう》がみられ、これは唇飾りによるものであるという。これをうらづける唇飾りに使われたと思える円形の木製品が見つかっている。なお、遺骸《いがい》に副葬品を伴う例は確認されていない。

出土人骨から推測すると、ロカルノ・ビーチ期の社会では、特定の男性が唇飾りをした可能性が強い。なぜ、こういった容貌をとったのかはわかっていない。

もしかすると、この文化期後の太平洋岸に居住した先住民の男性の一部に、階層の象徴として唇飾りの慣習があったので、あるいはこれとかかわりがあるのか、それとも社会的階級とは関係なく、集団を識別するものだったのかもしれない。

全般的にみて、ロカルノ・ビーチ期の社会は、住居跡や副葬品などから推定すると、平和で、人々に格差がほとんどなく、食べ物に恵まれ、海洋性に富んだ生活を送ったといえよう。

三　マーポール文化型（紀元前四〇〇年から紀元後四〇〇年くらい）

この文化型にみられる遺跡は、先行したロカルノ・ビーチ文化型が広がる地域に散在し、該当《がいとう》するものが三三例確認され、文化型の命名者はボーデンである（Borden, 一九五〇）。

この文化型の研究では、ハーラン・スミス、ヒルタウト、カールソン、ボーデン、ミッチェル、バーリーといった人たちの論考が目をひく（Hill-Tout, 一九四八、Carlson, 一九七〇、Borden, 一九七〇、Mitchell, 一九七一、Burley, 一九八〇）。

マーポール文化型の典型的な遺物をかかげると、有茎《ゆけい》・無茎の打製石鏃で、その大半が中型、なかにはみごとに整形した大型の木葉形をした短茎・広茎のものがある。

細石刃と細石核、スレート製の鏃、磨製石斧、スレート製ナイフ、石杵、磨り石、石皿、有孔石器、研磨器、石製装飾容器、石製人物像、磨き込んだ石製唇飾り、鹿角製離頭銛と尖頭器、鹿角製楔、鹿角製人物像、青銅製装飾品など多種に及んでいる（図2）。

人々は埋葬地に石の墓標を立てたり、ツノガイや滑石製の円形ビーズを大量に副葬したりした。さらに頭蓋骨変形が多くなり、家屋が大型化し、太い柱や厚板を盛んに用いるようになった。

ロカルノ・ビーチ文化型とちがい、多種の道具類が用途ごとにつくられ、技術的にも進んだものが目立ってくる。石や角を素材として人物の全体像や頭部のみを表現したものがあるいっぽう、青銅製による装飾品が登場するなど、大きな進展がみられる。

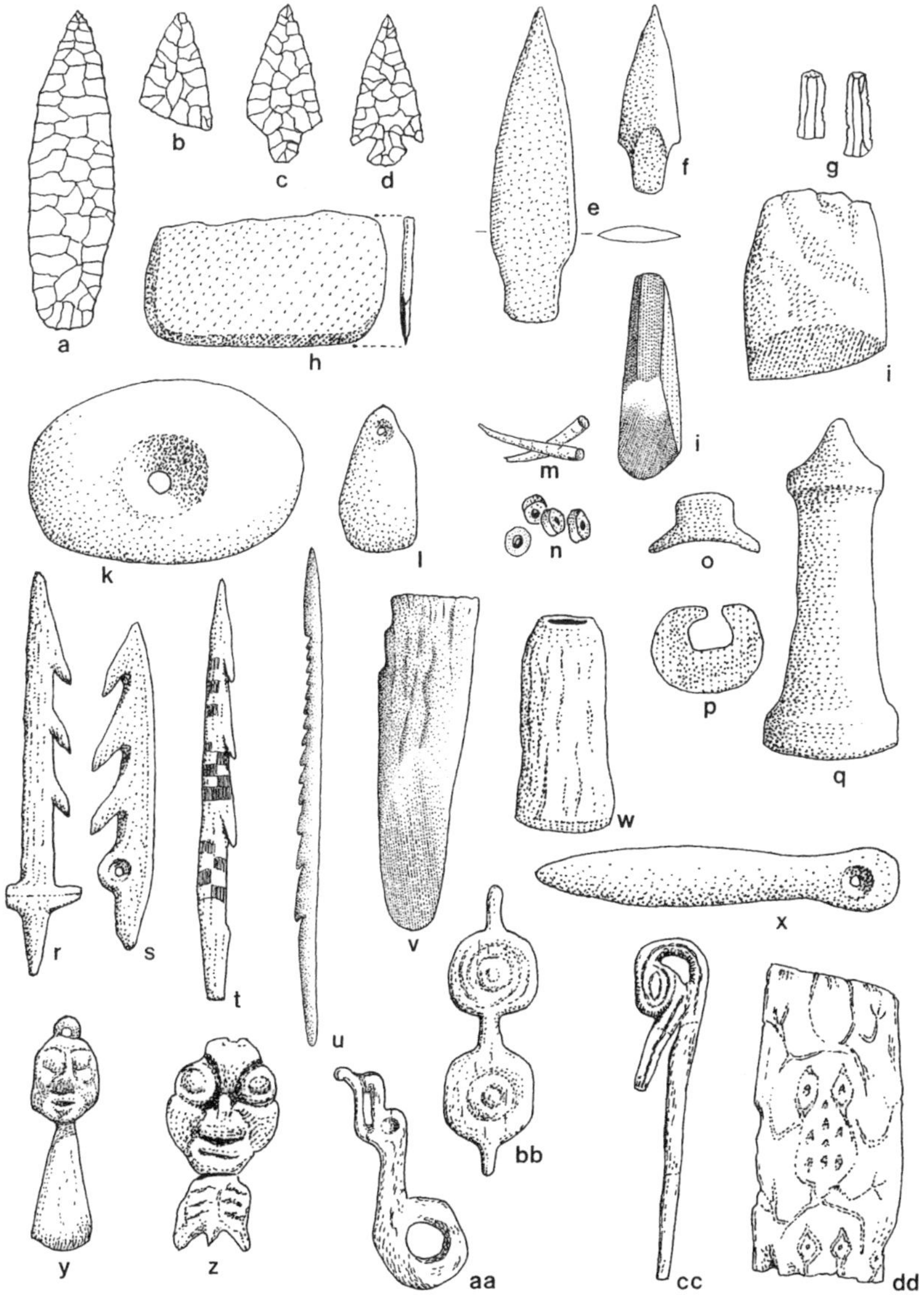

図２　セーリッシュ海北部と南部出土のマーポール文化型（紀元前400年から紀元後400年ころ）の遺物

a―d 打製石槍と石鏃、e・f スレート製石鏃、g 細石刃、h スレート製ナイフ、i・j 磨製石斧、k・l 有孔石、m ツノガイ、n ビーズ、o 唇飾り、p 三日月形銅製品、q 石杵、r―u 角製銛先、v 角製楔、w 角製手斧の柄、x 石製棍棒、y・z・bb 角製彫像、aa 角製飾り具、cc 基部に長い嘴をもつ鳥の頭部が彫られている角製ピン、dd 彫刻入り石板。

人々の暮らしが、前の文化期よりも道具や彫り物、装飾品、副葬品などに変化があらわれた要因のひとつは食べ物の捕獲量が増したことにある。従来からもこの地は、海の幸が多くあり、住民の生活条件が整っていたことは貝塚の数からもわかる。

フレーザー川は多くのサケがのぼることで知られ、河川域に暮らす人たちの重要な食べ物となっていた。海岸近くにある貝塚からは小型の海生や陸生の哺乳動物、鳥類、魚介類の遺存体が大量に出ており、これらが生活に潤いをもたらしたにちがいない。

グレンローズ・カネリー遺跡はフレーザー川が河口近くで北と南に流れを変える南の河岸にあり、ここに住んだ人たちは季節ごとに来ては食料源を得ていたし、一部の人々は年間をとおして生活していたらしい（Matson, 一九八一）。

彼らの生計を支えていたのが漁具をはじめとする道具類であることは出土品が物語っている。

●漁具と石器

マーポール文化型をはぐくんだ人たちの技術面をみたばあい、前後の文化期の彼らと共通したところが多い。ただし、道具類の形態に差があり、より効果を上げる工夫がみられる。

ロカルノ・ビーチ文化とセーリッシュ海峡文化を形成した人は離頭銛を盛んに使った。しかし、マーポール文化期の人たちは、逆刺《かえし》付きの単式銛を多用した。網や釣り糸に用いたと思われる小型の有孔石が貝塚から出土する。

これに伴って主要な漁場と推測されるいくつかの場所からスレート製のナイフがしばしば見つかる。これは魚の解体に使用したものであろう。一八世紀初めの先住民らは、魚を開き、干すさいに同じようなナイフを用いたことからうらづけられる。

また、小型や中型のスレート製の鏃や尖頭器の出土例が増す。基本的には前の文化のものを踏襲《とうしゅう》しているが、微妙な部分に改良がある。スレート製の鏃がたくさん見つかることから、弓矢による活発な狩りがおこなわれたのではなかろうか。

木工製品は前の文化型に次いでいちだんと使われたものに手斧、片刃石斧、扁平石斧、角製楔などがあり、ある遺跡からは多く出土するいっぽう、まったく確認されない遺跡もある。

マーポール文化型の遺物を出土する遺跡の大半からは、加熱によって割れた石がたくさん出ている。

この期の人々も土器をつくる技をもたなかったので、焼け石を木製容器に入れて蒸したり、煮たりしたにちがいない。たぶん、季節ごとに食料源を求めた彼らにとり、土器は移動に適さなかったため、ストーンボイリングや地面を掘った穴に焼け石を入れて蒸すといった調理法を用いたのであろう。

木工具の種類と出土例から、木材を用いて大きな住居がつくられたとみてよい。人々は海岸に面して集落を営み、プランは長方形の大型住居だったと考えられる。家屋の後方にゴミを捨てる穴がいくつも見つかっている。

後世、この地方に集落を構えた先住民の住居から推測すると、マーポール文化期の人たちは長屋スタイルの家に住んだ可能性が高い。発掘例からは大型の一戸建ての住居に暮らした者の存在も考えられる。

この文化期における遺跡の立地をみると、海や河川に面し、集落周辺は木々が繁り、森のなかを通るよりも、人々はカヌーを使って水上を往き来したと思える。木工具が、数例の遺跡から多く見つかったのは、ここでカヌーづくりをしたからではなかろうか。

石彫や骨角製の装飾具、あるいは凍石《とうせき》を使った人物を形どった容器（図3）

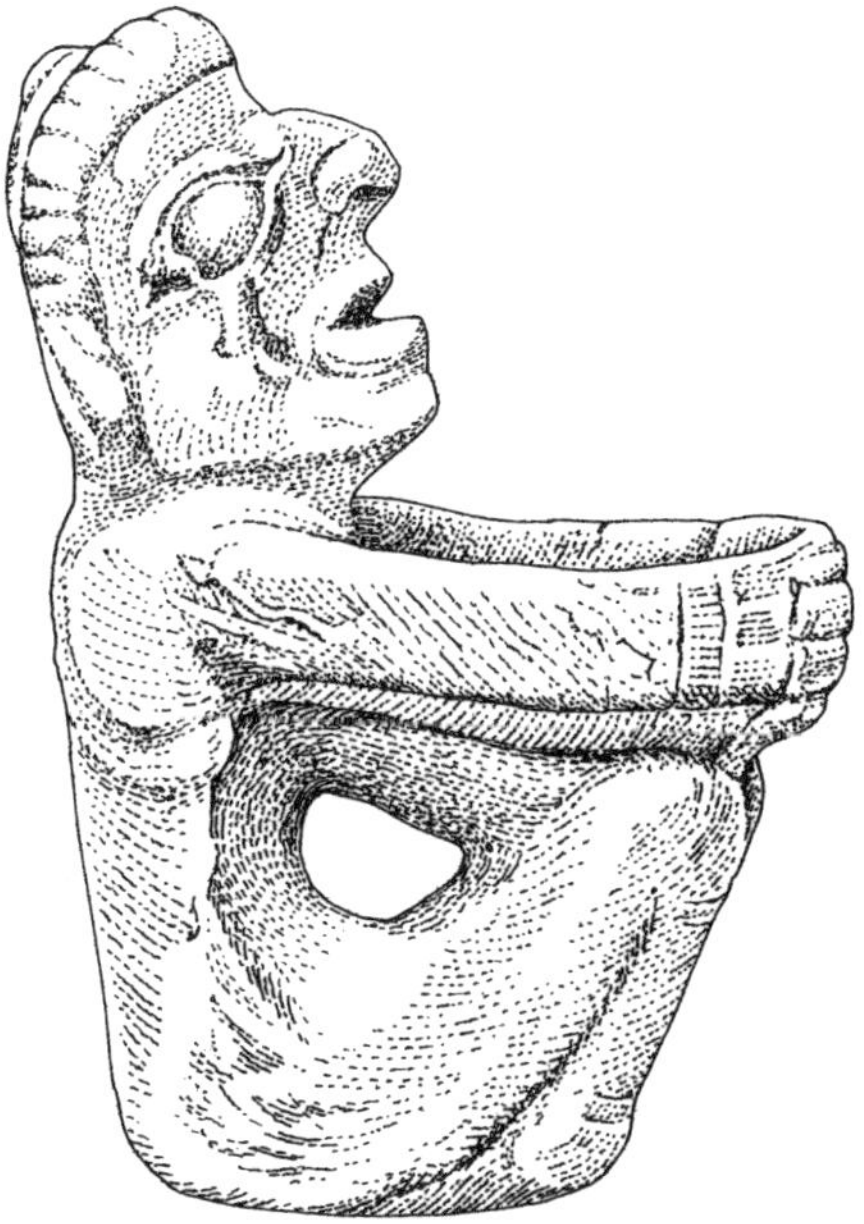

図3　マーポール文化型の特徴をもつ凍石製容器
ブリティッシュ・コロンビア州カウイチャン・ベイ遺跡出土．高さ42cm。

など、独特のデザインで知られる。いずれも共通したモチーフで、目が飛び出たカメのような動物、ヘビや海獣を表象したもの、サギなどの鳥類、細身の人物像といったものに特徴があらわれている（Duff, 一九五六）。

●文化の構成要素

マーポール文化型を示す遺跡、ことに墓跡に眼をやると、副葬品を伴う例と伴出しないばあいがあり、集落によっては階級差、あるいは特定の役をもった人物が存在したと思える。

たとえば、ツノガイや頁岩製のビーズが多量に出土した墓址が何例かあるからである。それと頭蓋骨が変形したものと、そうでないものとがあり、男女ともにおこなわれ、後頭部を平らにしたラムダ形や前頭部を平らにしたラムダ形が多くわかっている。こうした例から特別な人物がいたことはたしかである。

文化の構成要素のうち石鏃・尖頭石器・細石刃などは、初期のころ盛んにつくられたが、後半になると使用量が減ってくる。

また、地域でもセーリッシュ海の東部と西部で差異がみられるし、大陸と島とでも石器に変化がある。大陸では、剥片石器が全期間大量に使われるのに対し、島にあっては細やかに整形した石鋸《いしのこ》、研磨器、小型の石器類が多くなる。

マーポール文化型の例外はビーチ・グローブ文化で、このグループにはフォルス・ニャローズ遺跡から見つかった遺物もふくまれる（Mitchell, 一九七一）。

四　セーリッシュ海峡文化型

（紀元後四〇〇年から一八〇〇年ころ）

この文化型は広範な地域に普及したため、これまでデベロップト・コース

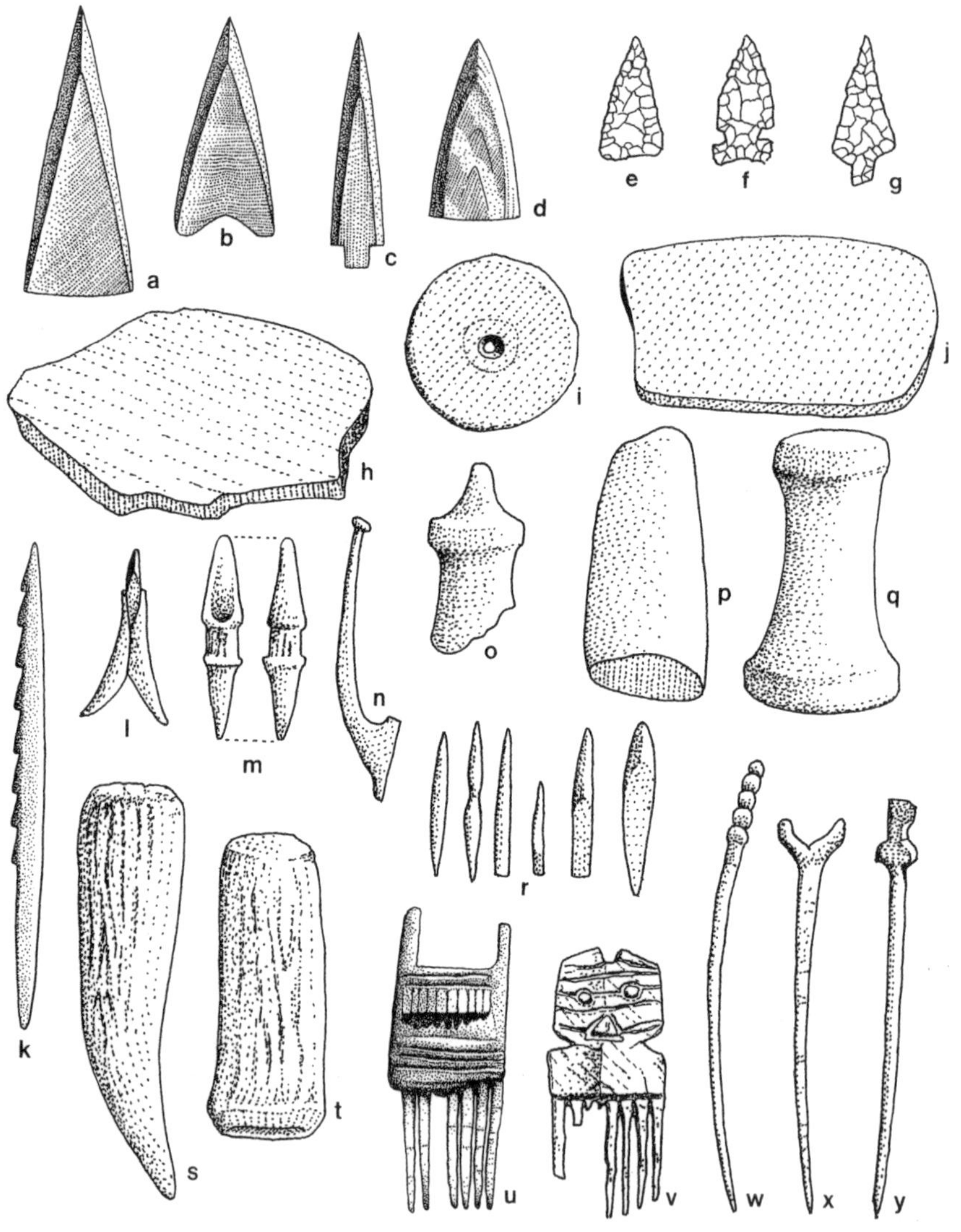

図４　セーリッシュ海北部と南部出土のセーリッシュ海峡文化型（紀元後400年から1800年ころ）の遺物

a—d スレート製石鏃、e—g 打製石鏃、h 研磨石、i 石製紡錘車、j スレート製ナイフ、k 骨製銛、l 複合式離頭銛先、m 複合式離頭銛バルブ、n 釣り針の軸部、o 石杵、p 磨製石斧、q 石杵、r 骨製尖頭器、s 角製楔、t 手斧の角製柄、u・v 彫刻のある櫛、w・y ヘアピン、x 毛布用（ブランケット）ピン。

ト・セーリッシュ、レート、リーセントといった名を冠してよばれていた。

本文化型に伴出する石器には無茎・有茎の磨製石鏃（スレート製）と打製石鏃（玄武岩製）、磨製ナイフ（スレート製）、磨製石斧、石杵などがある。

骨角器では逆刺付きの銛、釣り針、針、尖頭器、離頭銛、楔などが多用され、イガイ製の尖頭器も使われた（図４）。

家屋は太い柱を用いた大型なもので、集落には防御用の溝と柵をめぐらしたことを示す遺構が数例確認されている。

頭蓋骨変形が習俗として受け継がれている。

この文化期も集落が湿地近くに営まれ、そのうちサン・フアン島のイングリッシュ・キャンプ遺跡（Sprague, 一九七六）とリトル・クォリカム・リバー遺跡（Bernick, 一九八三）からは数々の植物製品が見つかっている（図5）。たとえば、さまざまな太さの小枝で撚った網、籠とマット（格子編み・透かし編み・透かし包み編みなど）、木製楔、木製の釣り針、杭、シダーの皮でつくった水掻《か》き（カヌー用）など、植物製品の多さが増してくるのも、この期の特色である。

●生　業

人々の暮らしを支えていたのは漁撈活動で、とくにサケ漁に依存していた。二次的に狩りと食用植物の採集をおこなった。発掘された貝塚からは多量の動物遺存体が同定されているが、大半は春のシーズンに捕獲されたものである。夏と秋の時期のものはわずかにすぎず、冬期のものは確認されていない（Bernick, 一九八三、Mitchell, 一九八〇、一九八一、Monks, 一九八〇、Patenaude, 一九八五）。

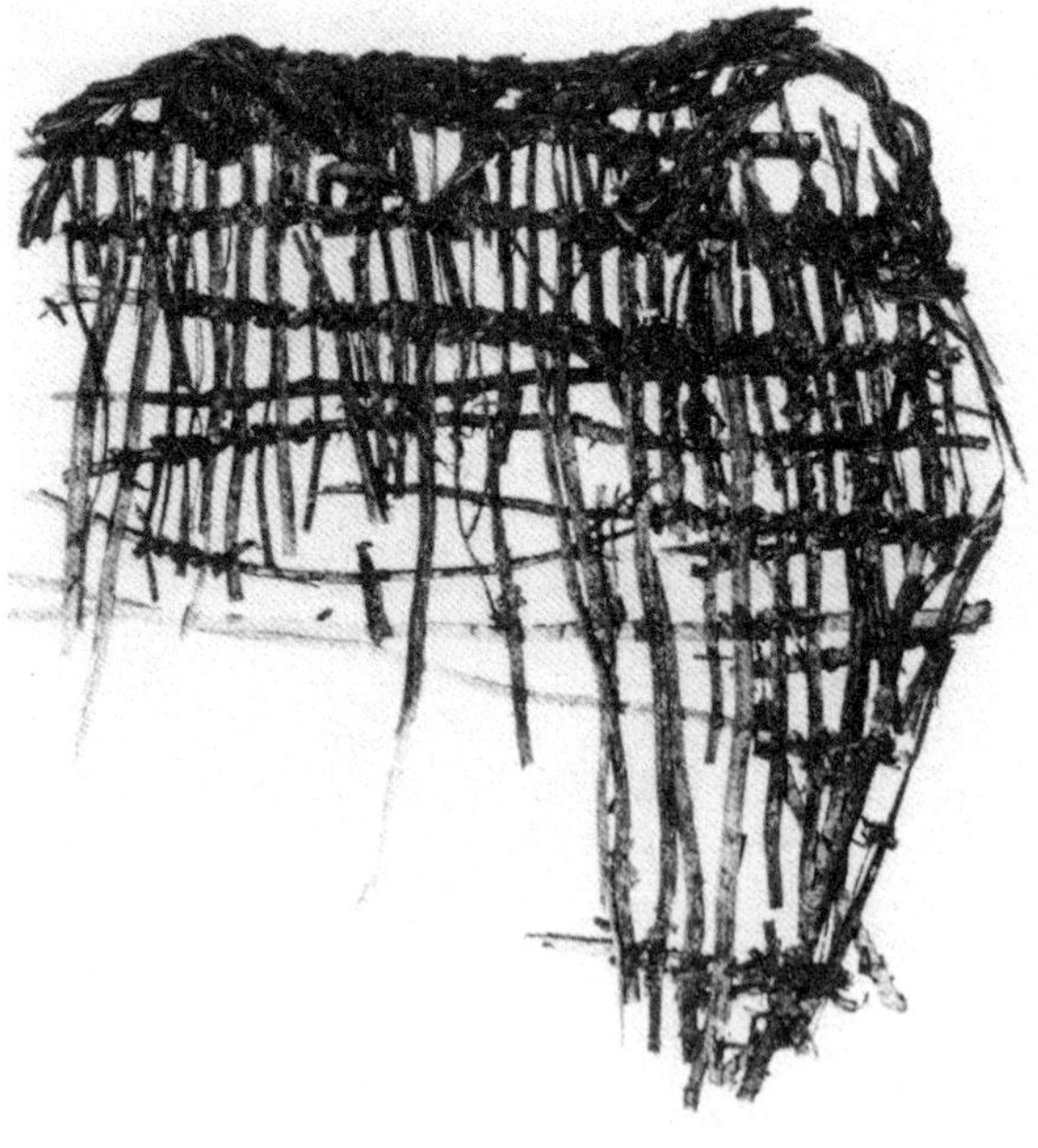

図5　バンクーバー島リトル・クォリカム・リバー遺跡出土のセーリッシュ海峡文化型の撚紐で編んだ籠の一部　幅36cm

住民は春の貝類とニシン、夏と秋はサケを重点的に捕っている。シダカレイ、カレイ、小型のサメ、岩礁に棲息する魚などは、季節あるいは地域によって捕獲量がちがった。

各貝塚からは、海岸ジカ、ワピチ、イヌの骨がかならずといってよいほど出土しているが、遺跡によって出土例は異なる。イヌの遺存体はほとんど完全な状態で見つかるため、以前の文化期の人たちのように食用とする風習はなかったらしい。

貝塚から最も多く出土するものは鳥の遺存体で、水鳥やカモメの類は春のシーズンに捕獲している。

●捕獲具

セーリッシュ海峡文化期の人たちの生活の糧は海産資源にあり、ことに漁具が発達したといえよう。前の文化型にもみられた釣り針、簎、離頭銛、複式鉤針《かぎばり》、流し釣り用の鉤針、逆刺付き尖頭器、石錘、ニシン漁用の熊手などに工夫がみられる。

川や海の獲物を捕るために数種類の罠《わな》が仕掛けられた。罠は前の時代にもあり、この捕獲法は後世の先住民にも引き継がれていく。

ことにセーリッシュ海峡北部の河口近くの遺跡からは、海に仕掛けた罠に用いた大型の石錘が多く見つかっているし、河川に設けた簗《やな》の杭や木製断片が残っていた。

海での罠は、おもにヒラメやカジカを獲ったとみえ、貝塚からはこれらの遺存体が多数出ている。ディープ・ベイ遺跡からは大がかりな罠が確認され、これはニシン漁に用いたようである。

リトル・クォリカム・リバー遺跡では川用の簗が残っていた。遺跡を調査したバーニックは、シダーの皮やモミの木を裂いた繊維で格子状に編んだ籠を簗と考えた（Bernick, 一九八三）。

セーリッシュ海の南部には、海峡セーリッシュ族とよばれた人たちが暮らしており、彼らは投網や流し網で魚を獲っている。おそらく、網用に使ったらしい石錘が、漁場と思われる所から集中して出土するのはそのためである。こういった漁具は三〇〇年くらい前のものである。

水鳥類の捕獲も盛んにおこなわれたらしく、各遺跡から遺存体が多数出ている。ディープ・ベイ遺跡では水中に網を仕掛けたらしく、また、クレセント・ビーチ遺跡では両端に棒を立てて網を張って捕らえたと発掘者は推測している（Mitchell, 一九九〇）。

●居住地

これまでに調査された遺跡の規模は大小さまざまであり、貝塚や低湿地から出土する動物や植物の遺存体にも差がみられる。こうしたデータを分析すると、セーリッシュ海周辺のいくつかの地域において、ノーザンおよびセントラル・コースト・セーリッシュ族の集落と共通するものがある。

たとえば、冬や夏の大きな集落と小さな集落、後者は春・夏・秋のころに食用植物を採集したり、漁撈を営んだりするための季節ごとのキャンプ地であった可能性が強い。こういった居住パターンは、のちの先住民のライフサイクルとほとんど同じである。

これまでの調査では、集落を囲むように溝を掘り、その土で土手を築いたものがある。こうした防御策を講じるには多く労働力を要したであろう。

この時期に集団どうしで過酷な争いがあったのではなかろうか。それを立証するものに石鏃が多数出土していること、土手を築いた集落の近くには湧水がなく、生活用具や食べ物などの廃棄物がほとんど地表下の浅い所に散在し、長期間住んだとはいいがたいのである。

この種の遺跡は、防備をほどこした集落というよりも、人々が緊急時に避難した所と思える。このことは、一八世紀の先住民の抗争パターンとつうじるものがあり、彼らは包囲攻撃をせず、威嚇《いかく》的な襲撃をたびたびおこなった。そこで溝をめぐらすのは、かかる攻撃から逃れるための施設とみてよい。

五　おわりに

セーリッシュ海峡周辺に形成された各文化型の特徴をながめるとともに、いくつかの事象をかかげてみた。

ロカルノ・ビーチ文化型の誕生について、かつてはアラスカ沿岸地域やカナダ北西海岸域の文化、つまり北方の文化との関連性が指摘された。しかし、発掘調査が進むにつれて、ルーツは前段階の紀元前四五〇〇年から一二〇〇年ころのチャールズ文化型だとわかってきた。

この文化型の代表的なものとしてセント・マンゴ・カネリ、グレンローズ・カネリー、クレセント・ビーチ、ピット・リバー、モーラー、ヘレン・ポイント、ツァブル・リバー・ブリッジといった諸遺跡がある（Mitchell, 一九九〇）。
各遺跡からは、この文化型を特徴づける短茎尖頭石器、細石刃、斧、角製楔などが出土し、いずれもロカルノ・ビーチ文化型のものと類似している。また、ノーザン・ガルフ地域では、ガルフ諸島固有の文化複合体が後期チャールズ文化型のコンポーネントに組み込まれていく過程からも連続性が追える。

紀元前一二〇〇年から四〇〇年前後のロカルノ・ビーチ文化型の要素のひとつにスレート製の磨製石器の精巧さと使用度の増大がある。

この状況から、ガルフ諸島文化複合体を構成する道具や装飾品が広い地域に流布したといえる。磨製石器の製作術の向上は、骨・角・貝・木製品の加工術をも進展させ、これまた、製品が各地へと広まり、その担い手としてカヌーの存在が考えられる。

生活形態は、基本的に前の文化型と似ており、人々は陸生と海生の哺乳動物、遡行性や海生の魚、貝、鳥などを食べ物や加工品の材料として捕獲した。

食料源を求めて年間を、あるいは季節的に居を構えており、これも前段階と同じパターンをとっている。

ロカルノ・ビーチ文化期は全般をとおして社会的・経済的に安定していたことを複数の研究者が認めている（Mitchell, 一九七一）。

紀元前五〇〇年から四〇〇年ころにかけて、前の文化の繁栄を継いで、マーポール文化型が出現する。この文化が成熟できたのは、遡上するサケ類の捕獲・貯蔵・保存の技術がいちだんと向上したことにある。

その後、紀元後四〇〇年から一八〇〇年前後までゆるやかに、そして長くつづいたのがセーリッシュ海峡文化型である。

この文化の特徴が色濃く出ているのは紀元後四〇〇年から五〇〇年ころである。この時期に多くの人たちが内陸の高原地帯から海岸域へと移住しているため、マーポール文化型とセーリッシュ海峡文化型の構成要素を分けることは至難である。ことに紀元後三〇〇年から八〇〇年ぐらいは、両文化が交《こう》錯《さく》しているからである。

マーポール文化型とセーリッシュ海峡文化型を代表する道具類と工芸品は、カナダ北西海岸南部の文化の影響が大きいといわれている。

しかし、大きな集落跡、丈夫な太い木材を使った住居跡、みごとな工芸品、魚解体用の効率的な石器、多くの装飾品、貝や銅製品を副葬した墓跡などが、つぎつぎと発掘されると、セーリッシュ海峡周辺域で創り出されたものという印象が強い。

セーリッシュ海周辺域に栄えた三つの文化域は、のちにヌートカ族とクワキウトル族の領域と重なっている。

とくにクワキウトル族の領域のオブシディアン文化型は、セーリッシュ海周辺域のチャールズ文化型やロカルノ・ビーチ文化型との類似性が濃く、ヌートカ族の領域にはぐくまれた同時代の西海岸文化型とは異なる。マーポール文化型は両先住民の文化には受け継がれていない。

紀元前五〇〇年前後、ブリティッシュ・コロンビア州南部沿岸には、二つの集団がそれぞれ独特の文化を営んでいた。バンクーバー島西岸にはワカシャン語を話すヌートカ族とクワキウトル族などの祖先が住み、セーリッシュ海やハイダ・グアイ海峡一帯にはセーリッシュ語を共通とする人たちが生活していた。

紀元前五〇〇年ころ、ノーザン・ワカシャン語をしゃべるクワキウトル族は、バンクーバー島西岸北部からハイダ・グアイ海峡あたりまで領域を広げ、その後、長い歳月を送ってからカナダ本土の海岸沿いに北上したと思われる。

その拡大過程で、セーリッシュ系とツィムシアン系の各部族を支配下においた。ただし、セーリッシュ語を話すベラ・クーラ族を従属できなかった。歴史時代に入ってもセーリッシュ族の領域へ勢力をのばしていった。

紀元前五〇〇年ころから、マーポール文化型を構成する人々は、資源利用の拡大と人口の増加、個人や集団の力と存在感が高揚し、ノーザン・ワカシャン族の優位性を阻止《そし》した。

クワキウトル族の南部への移動は、歴史時代初期に銃を保有する時期までなく、その後、セーリッシュ語を母語とする人たちは生活域の一部を失ったのである。

初出文献では考古学者のミッチェル氏がジョージア海峡文化型と命名したものを用いていたが、時代の流れでこんかいはセーリッシュ海峡文化型に改名した。

本文に使用した図はMitchell（一九九〇）からのものである。

参考・引用文献

Bernick, Kathryn

1983　A Site Catchment Analysis of the Little Qualicum River Site, DiScl: A Wet Site on the East Coast of Vancouver Island, British Columbia *Canada. National Museum of Man. Mercury Series. Archaeological Survey Papers* 118. Ottawa.

Borden, Charles E.

1950　Preliminary Report on Archaeological Investigations in the Fraser Delta Region. *Anthropology in British Columbia* 1:13-27. Victoria.

1951　Facts and Problems of Northwest Coast Prehistory. *Anthropology in British Columbia* 2:35-52. Victoria.

1968　Prehistory of the Lower Mainland. Pp. 9-26 in Lower Fraser Valley: Evolution of a Cultural Landscape. Alfred H. Siemens, ed. *University of British Columbia Geographical Series* 9. Vancouver.

1970　Cultural History of the Fraser-Dalta Region: An Outline. Pp. 95-112 in Archaeology in British Columbia, New Discoveries. Roy L. Carlson, ed. British Columbia *Studies* 6-7(Fall-Winter). Vancouver.

1976　A Water-saturated Site on the Southern Mainland Coast of British Columbia. Pp. 233-260 in The Excavation of Watersaturated Archaeological Sites (Wet Sites) on the Northwest Coast of North America. Dale R. Croes, ed. *Canada. National Museum of Man. Mercury Series. Archaeological Survey Papers* 50. Ottawa.

Burley, David V.

1980　Marpole: Anthropological Reconstructions of a Prehistoric Northwest Coast Culture Type. *Simon Fraser University. Department of Archaeology Publications* 8. Burnaby, British Columbia.

Carlson, Roy L.

1960　Chronology and Culture Change in the San Juan Islands, Washington. *American Antiquity* 25(4):562-586.

1970　Excavations at Helen Point on Mayne Island. Pp. 113-125 in Archaeology in British Columbia, New Discoveries. Roy L. Carlson, ed. *British Columbia Studies* 6-7(Fall-Winter). Vancouver.

Damon, P.E., C.W. Ferguson, A. Long, and E.I. Wallick

1974　Dendrochronologic Calibration of the Radiocarbon Time Scale. *American Antiquity* 39(2):350-366.

Duff, Wilson

1956　Unique Stone Artifacts from the Gulf Islands. Pp.D45-D55 in *Provincial Museum of Natural History and Anthropology. Report for the Year* 1955. Victoria, British Columbia.

1956a　Prehistoric Stone Sculputure of the Fraser River and Gulf of Georgia. *Anthropology in British Columbia* 5:15-51. Victoria.

Flenniken, J. Jeffrey

1981　Replicative Systems Analysis: A Model Applied to the Vein Quartz Artifacts from the Hoko River Site. *Washington State University. Laboratory of Anthropology. Reports of Investigations* 59; *Hoko River Archaeolorical Project Contributions* 2. Pullman.

Hill-Tout, Charles

1948　The Great Fraser Midden, Pp. 8-15 in The Great Fraser Midden. Vancouver, British Columbia.: Vancouver Art, Historical and Scientific Association

Keen, Sharon D.

1975　The Growth of Clam Shells from Two Pentlatch Middens as Indicators of Seasonal Gathering. *British Columbia. Heritage Conservation Branch. Occasional Papers* 3. Victoria.

Matson, R.G.

1974　Clustering and Scaling of Gulf of Georgia Sites. *Syesis* 7:101-114. Victoria, British Columbia.

1981　Prehistoric Subsistence Patterns in the Fraser Delta: The Evidence from the Glenrose Cannery Site. Pp.64-85 in Fragments of the Past: British Columbia Archaeology in the 1970s. Knut R. Fladmark, ed. *British Columbia Studies* 48 (Winter).

Mitchell, Donald H.

1971　Archaeology of the Gulf of Georgia Area, a Natural Region and Its Culture Types. *Syesis* 4(Supp. 1). Victoria, British Columbia.

1980　DcRt 1: A Salvaged Excavation from Southern Vancouver Island. *Syesis* 13:37-51. Victoria, British Columbia.

1981　DcRu 78: A Prehistoric Occupation of Fort Rodd Hill National Historic Park. *Syesis* 14:131-150. Victoria, British Columbia.

1990　Prehistory of the Coasts of Southern British Columbia and Northern Washington. *Handbook of North American Indians -Northwest Coast-* Vol.7 Pp. 340-358 Smithsonian Institution Washington.

Monks, Gregory G.

1980　Saltery Bay: A Mainland Archaeological Site in the Northern Strait of Georgia. *Syesis* 13:109-136. Victoria, British Columbia.

Patenaude, Valerie C., ed

1985　The Pitt River Archaeological Site, DhRq 21: A Coast Salish Seasonal Camp at the Lower Fraser River. *British Columbia. Heritage Conservation Branch. Occasional Papers* 10. Victoria.

Robinson, Stephen W., and Gail Thompson

1981　Radiocarbon Corrections for Marine Shell Dates with Application to Southern Pacific Northwest Coast Prehistory. *Syesis* 14:45-57. Victoria, British Columbia.

Sprague, Roderick

1976　The Submerged Finds from the Prehistoric Component, English Camp, San Juan Island, Washington. Pp. 78-85 in The Excavation of Watersaturated Archaeological sites (Wet sites) on the Northwest Coast of North America. Dale R. Croes, ed. *Canada. National Museum of Man. Mercury Series, Archaeological Survey Papers* 50. Ottawa.

◎関　俊彦

2010年　「カナダ・ジョージア海峡域にみる先史文化」『坪井清足先生卒寿記念論文集― 埋蔵行政と研究のはざまで ―』495 ~ 504頁　坪井清足先生の卒寿をお祝いする会

第三章　ワシントン州北部の先史文化

一　はじめに

ワシントン州はカナダと国境を接し、シアトルに首都がある。この地は海洋性気候に属し、一年じゅう穏やかな気候に恵まれ、緑が豊かで、アメリカ人が住んでみたい都市のトップにある。

西から東へとうねるセーリッシュ海（旧名ジョージア海峡）とエリオット湾、東にワシントン湖、深い森林から清流を運ぶフレーザー川、といったように自然環境がよい。

シアトルの平均気温と降雨量をみると、その土地柄が想像できよう。四月になると寒さが遠のき、ぽかぽか陽気となり、七月から八月の平均気温は二五度以下で、湿度が低く、空気はからっとしている。十月に入るや天気の悪い日が

	気温	降雨
	℃	mm
1月	7.6	1443
2月	10	986
3月	10.6	892
4月	14.6	579
5月	18.2	384
6月	20.7	356
7月	23.7	185
8月	23.3	295
9月	20.6	478
10月	15.6	798
11月	101	1290
12月	8.5	1501

表
シアトルの平均気温と降雨量
北緯　47度 36分
西経 122度 19分

増えて、気温が下がり、雨も多くなるが、ほとんどは霧雨である。この降雨が重厚な森をはぐくみ、動物やサケや貝類の成長を助けている（表）。

これから登場する数千年前の人たちも、この風土のなかで恩恵を受けつつ日々を送ったのではなかろうか。

アングロサクソン系の入植者がセーリッシュ海（旧名ピュージェット湾）に来たのは一八五一年である。当時、この地方には先住民のドゥワミッシュ族、コースト・セーリッシュ族、チヌーク族といった人々が、自然とともに狩猟・漁撈・食用植物を採集しながら暮らしていた。彼らの存在は大自然のなかでは小さく、弱々しかった。

セーリッシュ海岸域ではサケやタラといった魚介類が捕獲でき、これが先住民の食料源になったことはいうまでもない。夏と秋は海と山の幸を収穫する季節だった。この辺りに居住した人たちの芸術・宗教・文化と一般に表現するモノは、他地域の部族とはくらべものにならないほど勝っていた。

ロワー・フレーザー・キャニオン・セーリッシュ族領域の考古遺跡

a　ミリケン遺跡
b　エシラオ・ビレッジ遺跡
c　ポープ遺跡
d　ディリ 14 遺跡
e　シルバーホープ・クリーク遺跡
f　フラッド遺跡
g　パイプライン遺跡
h　チリワック遺跡
i　カッツ遺跡
j　モーラー遺跡

セントラル・コースト・セーリッシュ族領域の考古遺跡

1　ベカッラ・パーク遺跡
2　ヌーンス・クリーク遺跡
3　ロカルノ・ビーチ遺跡
4　ポイント・グレー遺跡
5　スララックス、マスキーム・ノーザン・イースト遺跡
6　リキッド・エア遺跡
7　マーポール遺跡
8　ピット・リバー遺跡
9　カルザーズ遺跡
10　テレプ遺跡
11　ポート・ハモンド遺跡
12　グレンローズ遺跡
13　セント・マンゴ遺跡
14　イングリッシュ・ブラフズ、ツァワッセン・ビーチ遺跡
15　ビーチ・グローブ遺跡
16　ウェーレン、スペティフォー・ファーム遺跡
17　クレセント・ビーチ遺跡
18　セシアム・スピット遺跡
19　シモンナーソン遺跡
20　バーチ・ベイ遺跡
21　ブラックウッド遺跡
20　チェリー・ポイント遺跡
23　ヌークサック・リバー遺跡
24　スマス・リバー遺跡
25　フォルス・ニャローズ遺跡
26　ディオニシオ・ポイン遺跡
27　モンタギュー・ハーバー遺跡
28　ジョージソン・ベイ遺跡
29　ヘレン・ポイント遺跡
30　ハミルトオン・ビーチ遺跡
31　ペンダー・キャナル遺跡
32　フォッシル・ベイ遺跡
33　ヒル遺跡
34　イングリッシュ・キャンプ遺跡
35　ギャリソン・ベイ遺跡
36　ムーア遺跡
37　ターン・ポイント遺跡
38　キャトル・ポイント遺跡
39　ジキルズ・ラグーン遺跡
40　ライム・クルン遺跡
41　リチャードソン遺跡
42　マッケイ遺跡
43　パークビル遺跡
44　ディグラック 5 遺跡
45　カウィチャン・ベイ遺跡
46　ノース・サーニッチ遺跡
47　タウナー・ベイ遺跡
48　クイックス・ポイント遺跡
49　キャドボロ・ベイ遺跡
50　ボーカー・クリーク遺跡
51　キティ・アイスレット遺跡
52　ウィローズ・ビーチ遺跡
53　エスキモルト・ハーバー遺跡
54　メイプル・バンク遺跡
55　フォート・ロッド・ヒル遺跡
56　エスキモルト・ラグーン遺跡
57　ウィティーズ・ビーチ遺跡
58　ペドゥラー・ベイ遺跡

ノーザン・コースト・セーリッシュ族領域の考古遺跡

A　レベッカ・スピット・フォート遺跡
B　ブリス・ランディング遺跡
C　サルタリー・ベイ遺跡
D　コンデンソリー・ブリッジ遺跡
E　パドルダック遺跡
F　クラミティー遺跡
G　サンドウィック遺跡
H　ミラード・クリーク遺跡
I　バックリー・ベイ遺跡
J　ツァブル・リバー・ブリッジ遺跡
K　ディープ・ベイ遺跡
L　リトル・クォリカム・リバー遺跡

クワキウトル族領域の考古遺跡

①　ホープタウン遺跡
②　クァイ遺跡
③　ツァワティ遺跡
④　デンハム・アイランド・ノース遺跡
⑤　ホーネット・パッセージ・フォート遺跡
⑥　デービス・アイランド・フォート遺跡
⑦　ベーカー・アイランド・サウス・イースト遺跡
⑧　エコー・ベイ遺跡
⑨　クレーマー・パッセージ・フォート遺跡
⑩　リトリート・パッセージ・ノース・ウェスト遺跡
⑪　ベア・コーブ遺跡
⑫　オコナー遺跡
⑬　フオート・ルパート遺跡

スートカ族領域の考古遺跡

ⓐ　ユクォト・ビレッジ遺跡
ⓑ　ホメイズ遺跡
ⓒ　ヘスキアト・ハーバー遺跡
ⓓ　アントンズ・スピット遺跡
ⓔ　スカル・ロック遺跡
ⓕ　ルーン・ケーブ遺跡
ⓖ　ディソ 12 遺跡
ⓗ　ヤクシスシ・ケーブ遺跡
ⓘ　アイーサク遺跡
ⓙ　ヒルウィーナ遺跡
ⓚ　シューマーカー・ベイ遺跡

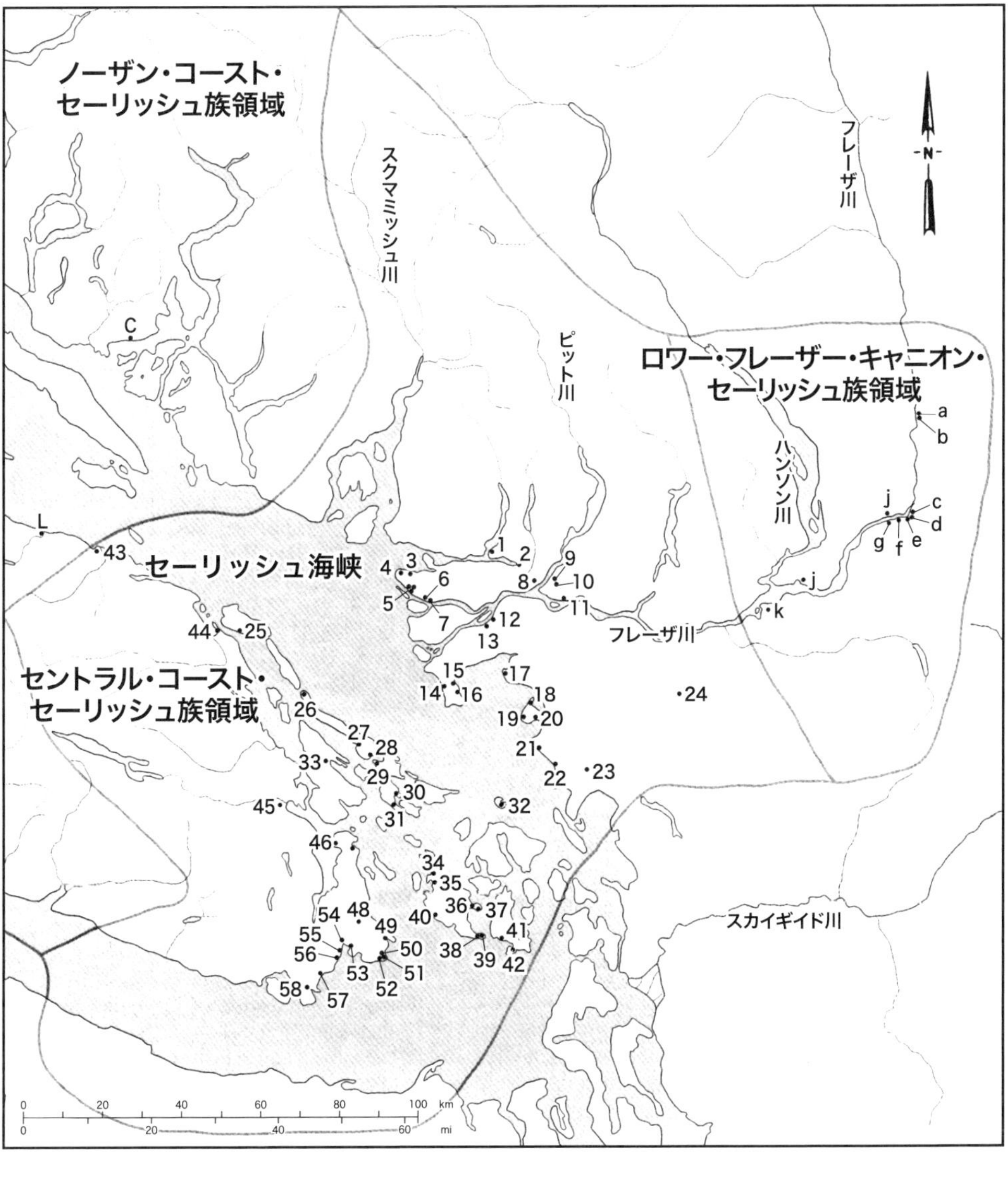

図１　各領域内の考古遺跡分布（１）

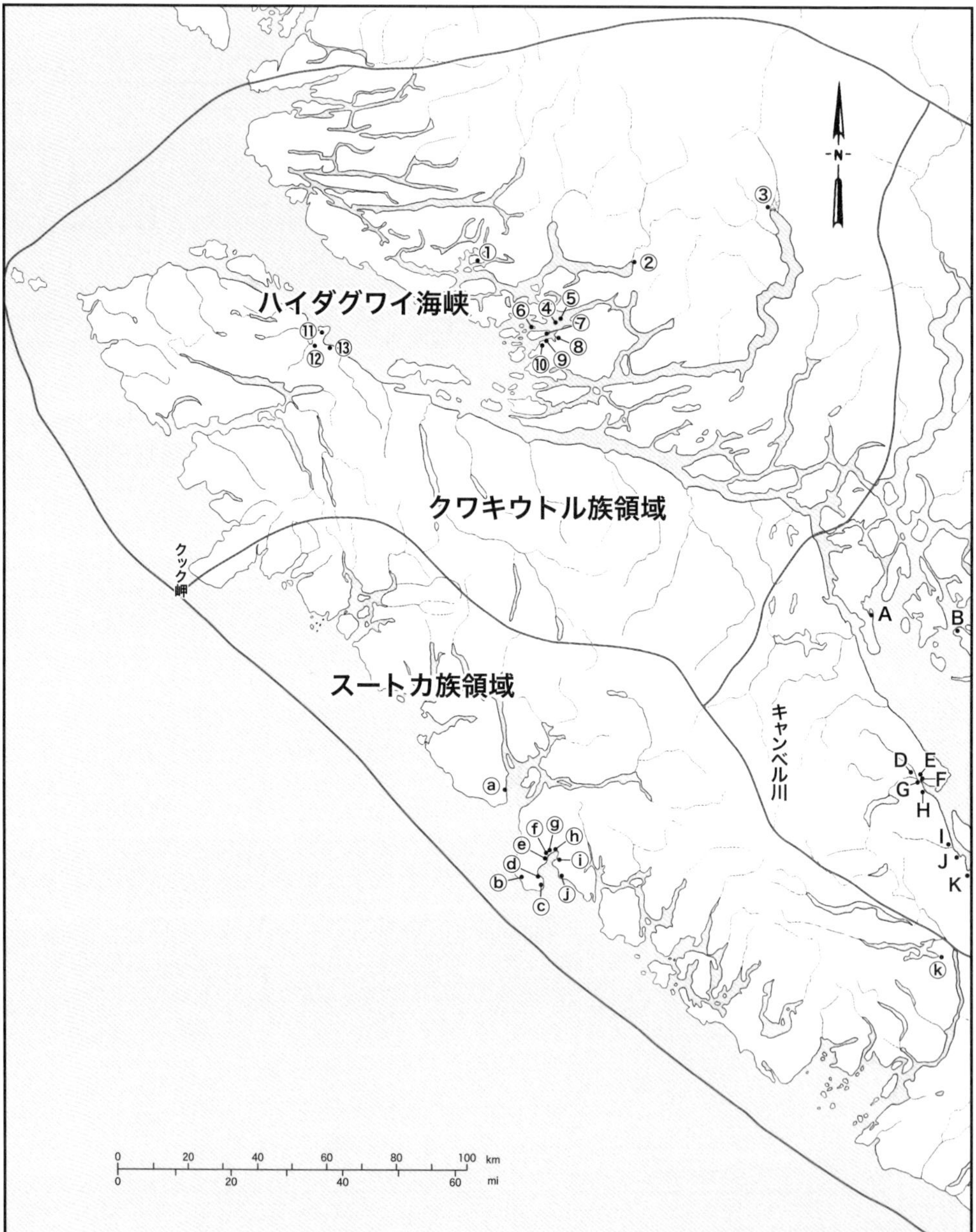

図２　各領域内の考古遺跡分布（2）

彼らの移動手段はカヌーで、沿岸部や渓谷に散在する定住地とは、交易ネットワークで結ばれていた。

先住民は大家族を営み、村は一〇〇人から二〇〇人前後で構成され、自給自足の社会で富と権力は首長を中心とする高貴な層が握っていた。

財産はブランケット（毛布で外来品）、サケやキャンドルフィッシュともよばれる小魚で、脂が多いユーラコンの魚脂を、どれだけ多く所有するかで人物を評価した。この魚脂を家族で使うほか、一部は儀式などで用いた。彼らにとって、儀式で価値ある物を捧げる人に最大の名誉があたえられた（関　一九九三）。

一八世紀ないし一九世紀の部族たちのルーツが、どのくらいさかのぼれるかはわからないが、彼らのはるか遠い祖先に思いをめぐらしてみよう。

二　ロワー・フレーザー・キャニオン域

この地方はフレーザー川の流域に広がる。コースト・カスケード山系から下流のチリワック一帯までを、広い意味でロワー・フレーザー・キャニオン域と称している。

本地方の考古学的特徴はと問われたら、地面を掘り下げた竪穴住居跡ではなかろうか。これは冬の寒さを防ぐためと夏が涼しいので採用されたらしい。住人は多様な遺物を包含する貝塚を残さなかったため、彼らが、どんな道具で食べ物を入手したかはつかめていない。つまり、骨・角製品をはじめとする動物遺存体が見つかっていないからである。そして、太平洋岸域では製作されなかった石製品が、遺跡で多く出土することが特徴だと指摘する研究者もいる（Mitchell, 一九九〇）。

では、その地域の文化遺産をさぐってみたい。

この地方は比較的多くの遺跡が発掘され、さまざまな人工遺物が確認されている。調査が実施された主要遺跡を列記してみると、ミリケン遺跡、エシラオ・ビレッジ遺跡（Borden, 一九六二、一九六八、Mitchell, 一九九〇）、カッツ遺跡（Von Krogh, 一九七六）、ホープ遺跡（Archer, 一九八〇）、フレーザー川を少し下った左岸のフラッド遺跡、パプライン遺跡（Von Krogh, 一九八〇）などがある（図1）。

考古学者ボーデンは、ミリケン遺跡とエシラオ・ビレッジ遺跡での出土遺物を根拠に長い《文化期》が存続したことを主張した（Borden, 一九六八）。この説をのちの研究者の大半が認め、支持している。つまり、彼のいう文化期とは、イーエム、ボールドウィン、スカメル、エメリー、エシラオの各文化期が、この順で文化は移ったという。

ボールドウィン文化期は、細石刃技法、唇飾り、腕輪、多数のビーズ、やわらかな石を素材とした工芸品を制作しているが、これらは他の時期にはみあたらないのである。

スカメル文化期は、特徴的なものがつくられず、石英質岩製の加工物が眼にとまるにすぎない。

エメリー文化期は、軟質の石を材料とした彫刻品が再び登場し、同じ石でつくった柄の真っ直ぐなタバコ用パイプが注目される。

エシラオ文化期は、三角形をした小型の尖頭石器の出土例が目立ち、弓矢に使われたと考えられる。

この地方の文化型とは、ミリケン遺跡とエシラオ・ビレッジ遺跡の出土遺物と、下流域の数か所の遺跡からの発掘資料などを一括した構成要素をいう。そして、エメリーとエシラオの各文化期の人工品を合わせた文化要素をキャニオン文化型とよんでいる。この名称は、セーリッシュ海峡域の文化型名に対応したもので、最終的にセントラル、およびロワー・フレーザー・キャニオン全域の最後の文化期をさす。

放射性炭素一四の年代測定からみると、ボールドウィン文化型からスカメル文化型を経てキャニオン文化型へと移行したとみてよい。しかし、ボールドウィンからスカメル文化型への年代値はつかめていない。ボールドウィン文化型は二種類、スカメル文化型は四種類の試料で年代測定した結果、測定値の範囲内で二〇〇年の重複期間がみられた（Mitchell, 一九九〇）。

また、ボールドウィン文化型の初めの測定値と、その前段階のチャールズ文化型の終末との間には七〇〇年のギャップがある。そこで、重複部分の半分とギャップ部分の半分を、各文化型が接するそれぞれの期間で調整し、ロワー・フレーザー・キャニオン文化型の変遷を推定した。

つまり、チャールズ文化型は紀元前四五〇〇年から一七〇〇年ころ、ボールドウィン文化型は紀元前一七〇〇年から五〇〇年前後、スカメル文化型は紀元前五〇〇年から紀元後五〇〇年くらい、キャニオン文化型は紀元後五〇〇年から一八〇〇年ころである（Mitchell, 一九九〇）。つぎに、各文化型の特徴をかかげてみる。

a　ボールドウィン文化型（紀元前一七〇〇年から五〇〇年ころ）

ロワー・フレーザー・キャニオン文化型は、文化の構成要素が三つに分けられる。ミリケン遺跡とエシラオ・ビレッジ遺跡の各々のひとつ（Borden, 一九六八）とディリ一四遺跡の構成要素の二つである。

ボールドウィン文化型を代表するものとしては、大小の形をもつ無茎《むけい》・有茎式の尖頭石器、スクレーパー、石核《せきかく》、細石刃《さいせきじん》と細石核、磨製石刃、磨製石斧、軟質の石製ペンダント、円形ビーズ、唇飾り、人物・動物形製品、礫器《れっき》、石英製剥片などがある。

技術　この文化型を特徴づけるのは、滑石《かっせき》・凍石《とうせき》・片岩《へんがん》・頁岩《けつがん》といったものに彫る・孔あけ・削《けず》る・磨くなどの加工をほどこし、大量に製品を創り出したことである。これら加工品は非実用的なもので占められ、なかにはわずかだが装飾品に使った例もある。

　遺跡を発掘したボーデンは、ミリケン遺跡とエシラオ・ビレッジ遺跡の主要遺物である小型有茎尖頭石器について、弓矢に用いたのではないかと記述している（Borden, 一九六八）。しかし、他の出土品の用途にはふれていない。

　スカメル文化型のカッツ遺跡出土のスクレーパーは、魚を干物にして貯蔵するさい、身を開くのに使った

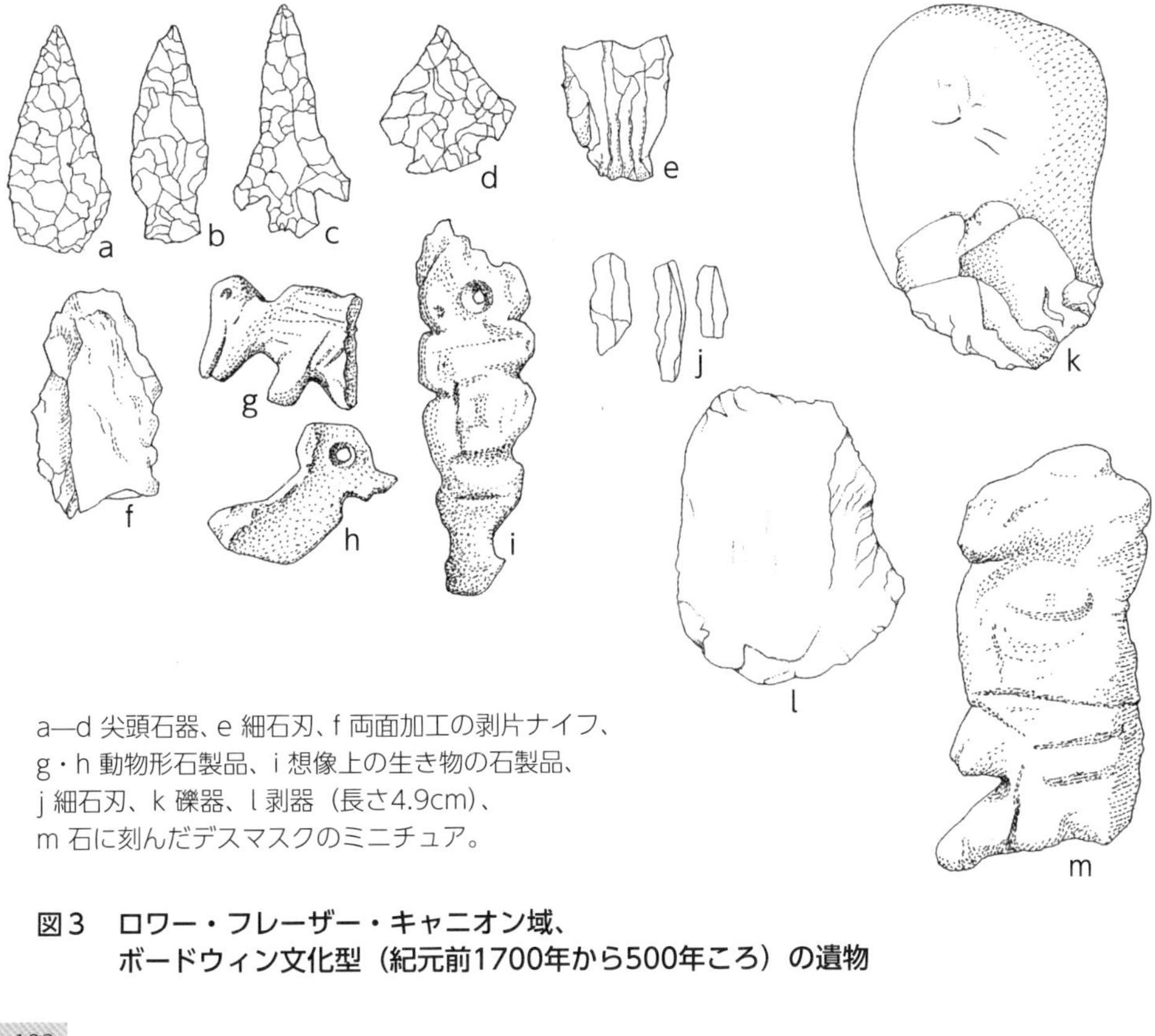

a—d 尖頭石器、e 細石刃、f 両面加工の剥片ナイフ、
g・h 動物形石製品、i 想像上の生き物の石製品、
j 細石刃、k 礫器、l 剥器（長さ4.9cm）、
m 石に刻んだデスマスクのミニチュア。

図3　ロワー・フレーザー・キャニオン域、
ボードウィン文化型（紀元前1700年から500年ころ）の遺物

らしい（Mitchell, 一九九〇）。ことに大小の無数の剥片石器は解体処理に使用したと思われる。

ロワー・フレーザー・キャニオン遺跡からは動物遺存体が見つかっていないため、人々が何を食べ、どんな骨・角製の道具を使ったかはつかめていない。

発掘されたミリケン遺跡、エシラオ・ビレッジ遺跡、ディリ一四遺跡からの遺物をくらべてみると異なるものもあるが、共通性も眼につく。異質性は石彫の加工物にみられ、ミリケン遺跡とエシラオ・ビレッジ遺跡の遺物群には、ディリ一四遺跡で出土した軟石製の装飾品が見つかっていない。

b　スカメル文化型（紀元前五〇〇年から紀元後五〇〇年ころ）

スカメル文化型の構成要素を示すものは、エシラオ・ビレッジ遺跡（Borden, 一九六八）、カッツ遺跡（Mitchell, 一九九〇）での出土品のA・Bゾーンの遺物群とボン・クロフ（Von Krogh, 一九八〇）が発掘したCゾーンの遺物群が、この文化型にあてはまる。フラッド遺跡の構成要素一（Von Krogh, 一九八〇）、パイプライン遺跡（Von Krogh, 一九八〇）、シルバーホープ・クリーク遺跡のAゾーン（Mitchell, 一九九〇）である。

この文化型の代表的な遺跡からは、石英質岩製の木葉形・有茎式の尖頭器、石錘《せきすい》、掻器《そうき》、剥片石器、礫器、磨製石刃、磨製石斧、頁岩や粘板岩製の円形ビーズ、片岩や砂岩製ヤスリ・砥石《といし》、円形の貯蔵穴が確認された。

エシラオ・ビレッジ遺跡では、冬期用の半地下式の竪穴住居跡が見つかり、内部には焼失した木材が残っていた。さらに格子目状に編んだマットの炭化したもの、小型の有孔石錘を結わいた二本どりの細い撚《よ》り紐《ひも》を巻いたもの、織機《おりき》で使う緯糸《よこいと》をとおす操作《そうさ》に用いる杼《かせ》を思わせる木製品、小型の釣り糸用リール、彫り物

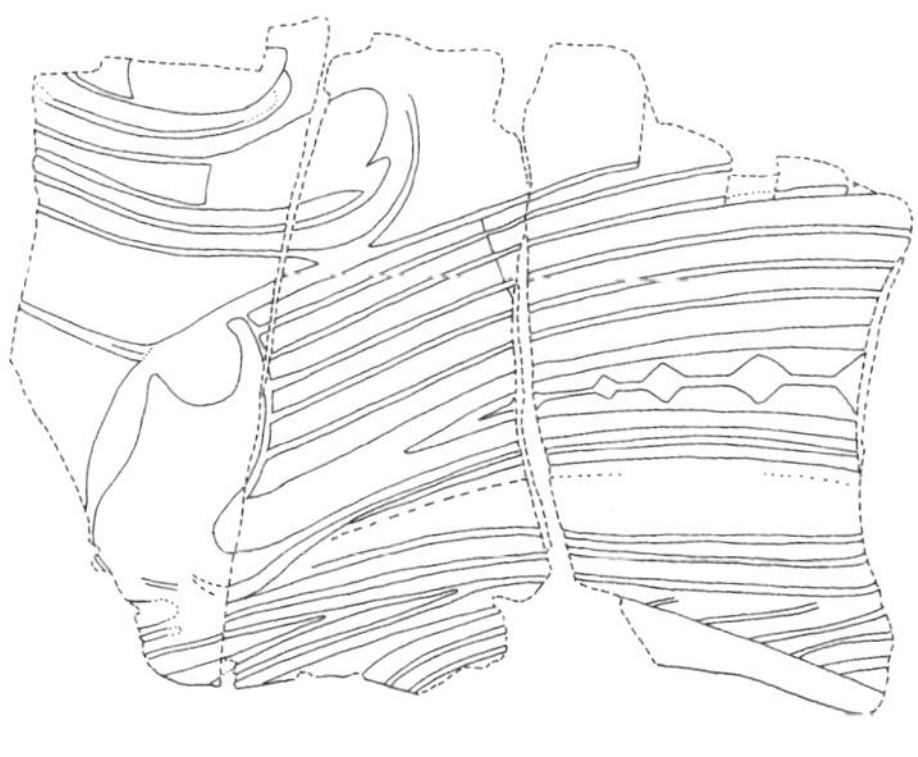

図４　炭化した木片
ブリティッシュ、コロンビア州エシラオ・ビレッジ遺跡出土、長さ 21.3cm、木片はスカメル文化型のもので、精巧な曲線模様が彫られている。

をほどこした木箱や皿といった多種の出土品が注目される。

スカメル文化型の遺物が、他の文化型の品々と区別できるものに細石刃技法による石器がないこと、石彫品がセットで存在しないことである。それと、前段階のボールドウィン文化型とちがうのは、剥片石器の材質が玄武岩や石英から黒曜石に変化していることである。

技術　スカメル文化型の遺跡からは動物遺存体の出土例がなく、当時の人たちの生活像を知るのはむずかしい。し

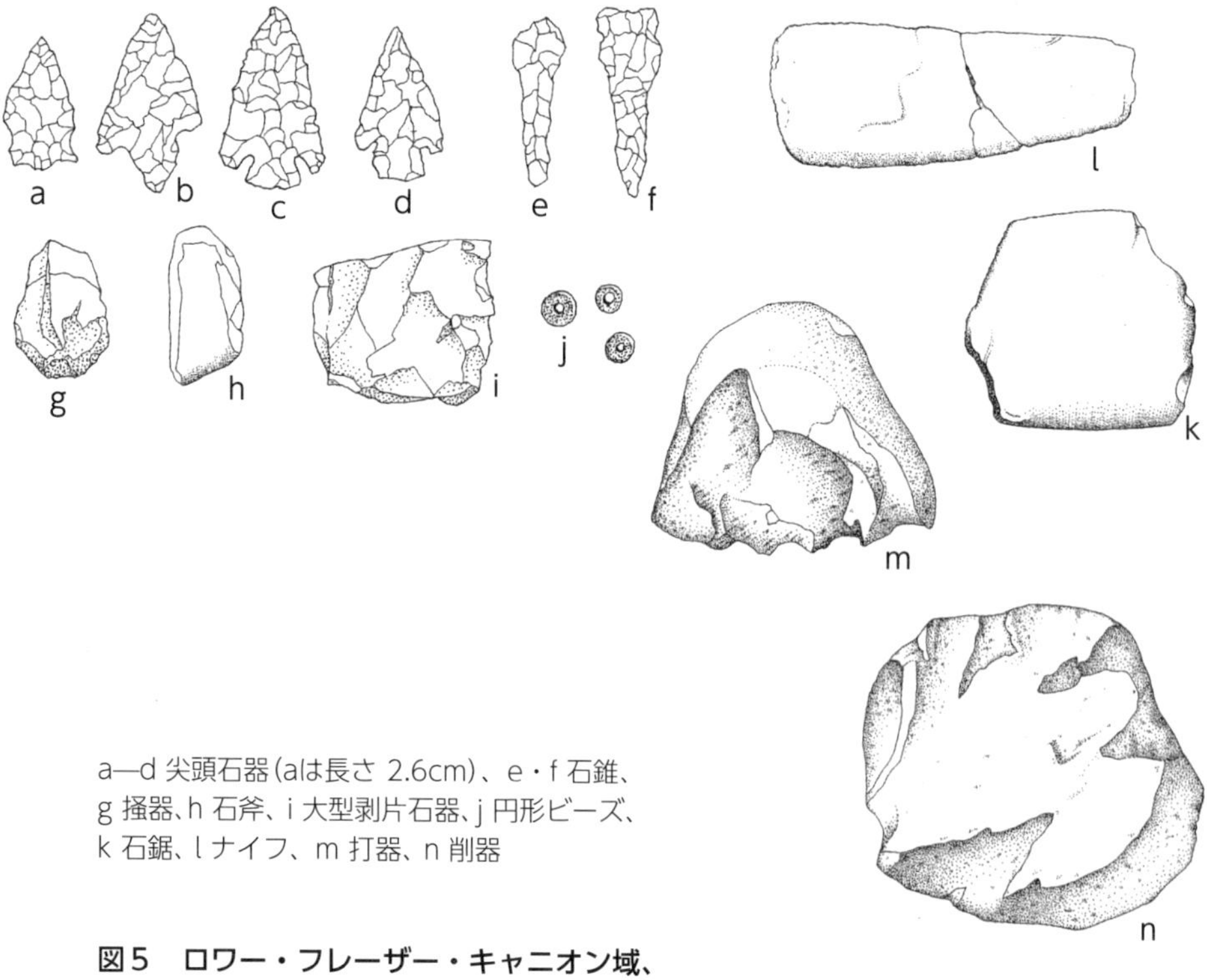

a—d 尖頭石器（aは長さ 2.6cm）、e・f 石錐、g 掻器、h 石斧、i 大型剥片石器、j 円形ビーズ、k 石鋸、l ナイフ、m 打器、n 削器

図5　ロワー・フレーザー・キャニオン域、スカメル文化型（紀元前500年ころから紀元後500年ころ）の遺物

かし、石器類が多数出ており、このなかで粘板岩製のナイフと掻器はサケの解体用具に、石斧や礫器は木の伐採と加工に使った。そして大量の掻器は動物の皮加工にも用いたという見方もある（Mitchell, 一九九〇）。

遺跡によっては半地下式の竪穴住居跡が存在するものと、存在しないものとがある。これは季節によって居住地を移動したとみえ、彼らはいくつかの地に暮らしていたらしい。住居内には円形・卵形・長方形をした土壙《どこう》が掘られ、底は平坦で、炉はほぼ中央にあるのが一般的で、複数の炉を配した例もある。

いくつかの大型住居跡から複数の炉跡が確認され、ここには一家族以上が住んでいたのではなかろうか。というのは、住居内が一定の広さで仕切られていたからという（Mitchell, 一九九〇、Von Krogh, 一九七六）。

ディリ一四遺跡とシルバーホープ・クリーク遺跡のばあい、住居跡は円形で調理や手仕事は中央でおこなったらしい。そして、遺物の散布状況からみて、場所をとるような仕事は、その外側でと使い分けていたと思える。この二遺跡の半地下式竪穴住居内には、床面を深く掘った土壙はなかった(Mitchell, 一九九〇)。

構成要素の変化

スカメル文化型での初期のシルバーホープ・クリーク遺跡と最後のパイプライン遺跡との時間差はおよそ一〇〇〇年である。この間の文化要素にはほとんど変化がない。

人々が住んだ場所を半地下式竪穴住居跡からみると、遺跡によってちがいがある。それは、彼らが冬期と春・夏・秋のシーズンでは集落地を移動し、冬の住居内には土壙があるが、それ以外の季節の住まいにはほとんどない例が多いからである。

なぜ、居住者らは季節によって集落地を変えたのであろうか。それには、いくつかの理由が考えられる。ひとつは北緯五〇度の地では冬期の冷え込みがきびしいこと、もうひとつは食べ物を求めての移動と思える。

C　キャニオン文化型（紀元後五〇〇年から一八〇〇年ころ）

この文化型名は、ミリケン遺跡とエシラオ・ビレッジ遺跡の、ボーデンの唱えるエメリー文化期とエシラオ文化期の構成要素（Borden, 一九六八）と深くかかわっている。つまり、ディリ一四遺跡の文化要素三（Mitchell, 一九九〇）、およびフラッド遺跡の文化要素三ないし五（Von Krogh, 一九八〇）とが合わさってキャニオン文化型を形成しているからである。

キャニオン文化型は、ロワー・フレーザー・キャニオン地域の最終文化期を象徴するものである。

この文化期の代表的遺物といえば、小型の有茎尖頭石器、石錐、剥片石器、磨製石刃、磨製石斧、軟質の石による円形ビーズ、小型人物像、トランペット形のタバコ用のパイプ、砂岩・片岩製砥石、小型石槌《いしづち》などがある。遺構としては半地下式竪穴住居内の土壙と貯蔵穴である（Mitchell, 一九九〇）。

前段階のスカメル文化型とキャニオン文化型とで、きわだっているものは、やわらかな石質を駆使した彫刻品の繊細な加工と精巧な装飾をほどこしたタバコ用のパイプをはじめとする品々の出現である。

また、フレーザー川をさかのぼってくるサケを、ことに紀元後五〇〇年から一八〇〇年前後に生きた人たちは、盛んに捕獲している。というのは、この時期は突然、サケを解体するのに使った粘板岩製のナイフやスクレーパーなどが大量に各遺跡から出土しているからである。

エシラオ・ビレッジ遺跡の遺物包含層の上層からは少量であるが動物遺存体が確認された。このなかに野性のヤギの骨と角が数個あり、山中で人々が狩りをしたらしい（Borden, 一九六八）。

それと各遺跡からは多数の三角形をした小型の尖頭石器が見つかることから、彼らは、これを弓矢の鏃として用いたとみてよい。

先に指摘した大量の粘板岩製ナイフとスクレーパーの出土、それとエシラオ・ビレッジ遺跡で多数出てきた樹皮をまるめた棒状の一端が炭化したもの、これは夜間に川岸で漁をしたさいに用いた松明《たいまつ》と思われる。

　当時の人たちは河川での漁と山間での狩り、木の実の採集によって食料を得ていたのではなかろうか。なかでもサケ漁が重要な生業だった。

　石彫品が人々のあいだに広くゆきわたっていたことから、どこの工房で加工されたのか長いことわからな

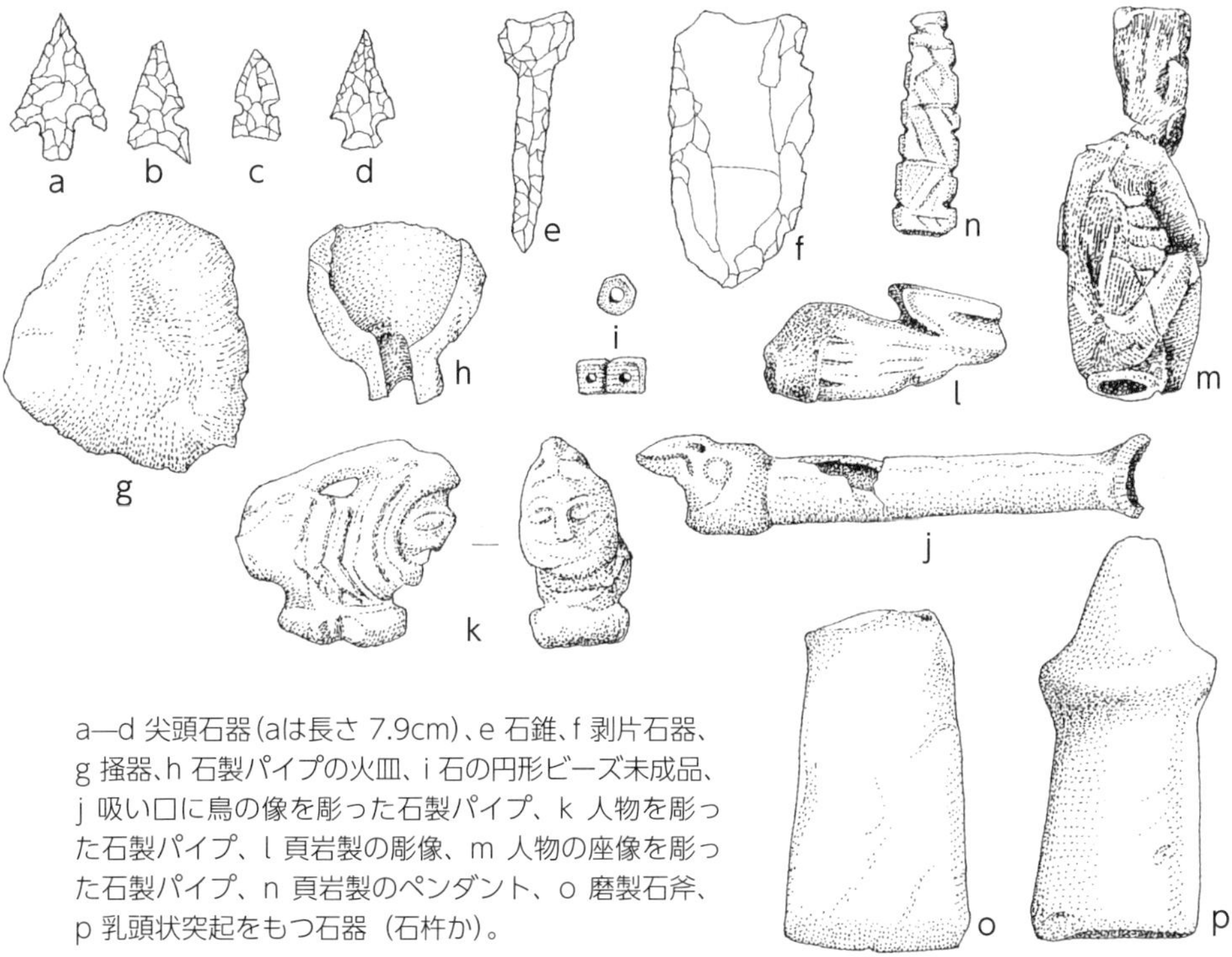

a—d 尖頭石器（aは長さ 7.9cm）、e 石錐、f 剥片石器、g 掻器、h 石製パイプの火皿、i 石の円形ビーズ未成品、j 吸い口に鳥の像を彫った石製パイプ、k 人物を彫った石製パイプ、l 頁岩製の彫像、m 人物の座像を彫った石製パイプ、n 頁岩製のペンダント、o 磨製石斧、p 乳頭状突起をもつ石器（石杵か）。

図6　ロワー・フレーザー・キャニオン域、キャニオン文化型（紀元後500年から1800年ころ）の遺物

かった。だが、エシラオ・ビレッジ遺跡の発掘が進むにつれ、一軒の半地下式竪穴住居跡から石製の円形ビーズやタバコ用のパイプなどの完成品・未製品・廃棄《はき》した材料が、つぎつぎと出てきた。その結果、ここが石彫品を制作した工房跡であることがあきらかとなった（Mitchell, 一九九〇）。

一般的にキャニオン文化期の半地下式竪穴住居の構造は、歴史時代の先住民トンプソン族の住まいと共通するものが多い（Mitchell, 一九九〇）。

エシラオ・ビレッジ遺跡で発掘された一軒の住居跡では、主要な棟《むね》から軒にわたす棰《たるき》四本、それと隅棟の下にあって、棰の上端を受ける補助的な隅木が見つかった（Mitchell, 一九九〇）。中央の炉跡近くにあった厚い石板は、刻み目入りの出入り口用梯子《はしご》の基部を保護するものだったらしい。

先住民が外国人と接したコンタクト時代のアパー・スタロ社会の特徴も（Duff, 一九五二）、先史キャニオン文化型に近いが、これを証明する資料はわずかである。冬のシーズンの集落内住居の規模は大小あり、家族構成が多様であったらしく、土壙跡が多く確認されている集落跡もあった。

冬期は春・夏・秋の居住地と異なり、人々は移動し、冬の住居内に土壙や貯蔵穴がないのが一般的であったが、大型住居のばあい、土壙が複数掘られた例もある。

では、春・夏・秋に過ごした集落と冬を耐えた集落間に、彼らが使った、あるいはつくった品々にちがいがあったのであろうか。

エシラオ・ビレッジ遺跡で掘り出された工房跡は冬期の居住地だったことから、石彫品は、この時期にこしらえたと思われる。そして冬の集落だったフラッド遺跡からも多種の石製品が見つかっている。春・夏・秋の居住地だったディリ一四遺跡からは石の装身具などが未出土である。このほかの遺物は、冬のシーズンでも使われている。

くりかえしになるが、キャニオン文化型の特徴は、後期になって盛んにつくられた三角形をした小型尖頭石器の量産と石製のタバコ用パイプを飾る風潮である。かつて動物や人物像が石で彫られたが、紀元後一二〇〇年ころには姿を消している（Borden, 一九六八）。

三　セーリッシュ海周辺の文化

ボーデンは、ロカルノ・ビーチ文化型の初期の遺物についてアラスカ沿岸部のものと類似するとみた。そして、ロカルノ・ビーチ文化型がより北方の文化要素、および北西海岸域の基本的文化とも共有することから、古い文化タイプと推測した（Borden, 一九五一、Drucker, 一九五五）。

しかし、この地域の文化変遷のうち、初期に関するデータが増えるにつれ、チャールズ文化期、あるいは文化型とよぶものが、そのルーツだとわかってきた。

チャールズ文化型の構成要素を物語る数々の遺物が、セント・マンゴ・カネリー遺跡（Calvert, 一九七〇）、グレンローズ・カネリー遺跡（Matson 一九七六）、クレセント・ビーチ遺跡（Mitchell, 一九九〇）、ピット・リバー遺跡（Patenaude, 一九八五）モーラー遺跡（LeClair, 一九七六）、ツァブル・リバー・ブリッジ遺跡（Mitchell, 一九九〇）から確認されている。

この文化型の遺物はロカルノ・ビーチ文化型のものとよく似ている。なかでも短茎の尖頭石器、細石刃、石斧と角製の楔《くさび》、石英質岩の道具などである。また、ノーザン・ガルフ地域では、ガルフ諸島固有の文化複合体が後期チャールズ文化型の構成要素に吸収されていった（Mitchell, 一九九〇）。

人々が創り出したものをみると、チャールズ文化型からロカルノ・ビーチ文化型へと移行しながら進化したことがわかる。ことに粘板岩製の磨製石器は上質のものが増産され、これを使う人たちが多くいたとみえ、ガルフ諸島文化複合体が生み出した製品として広範囲から出土する。このほかにも骨・角・貝殻を用いて木製品を加工しているのも注目される。

ロカルノ・ビーチ文化型の生活スタイルは、前段階のチャールズ文化型とほぼ同じである。彼らは陸生・海生哺乳動物、遡河《そうか》性の魚や海生魚、鳥類、貝類といったものを捕っていたことが動物遺存体からうらづけられる。

木製品がたくさんつくられ、できばえにも進歩がうかがえる。居住形態も季節ごとに移ることをくりかえし、前段階のパターンを引き継いでいる。

変わった習俗として、一部の男性にみられた頭部変形や唇飾りの装着で、これは他の男性や成人女性を意識したもので、身分や社会的階層を示すものだったかどうかはわかっていない。時代がくだるが一八世紀の先住民ハイダ族とツィムシアン族の女性のあいだでも唇飾りの風習があった（関、二〇一一a・b、二〇一二）。

ハイダ・グワイ（かつてクィーンシャーロットといわれた）諸島に住んでいたハイダ族の女性は、成人すると下唇に木製の唇飾りを入れた。その大きさは社会的な地位・富・年齢によって異なるため、年々大きくなった。

ツィムシアン族では、子供が七歳ころになると、男女を問わず、最初のイニシェーション儀式があり、首長が彼らに力を授けた。父親の姉妹と親戚の女性が地位の印《しるし》として女の子の耳に孔をあけ、高位の少女には唇飾りを付ける孔をあけた。高貴な大人の女性のなかにはアワビの貝殻を象嵌《ぞうがん》した唇飾りを付けた者もいる。(関、二〇一二)。

ロカルノ・ビーチ文化型がマーポール文化型へとじょじょに移る過程で、混じり合ったものも出現した。

セーリッシュ海峡周辺域でマーポール文化型は、最も安定期の所産とする見方がある。(Mitchell, 一九七一、一九七二、一九九〇)。

活気にみちたマーポール文化期の人たちは大きな集落を営み、堅固《けんご》な太い木を用いて大きな家を建てた。そして、多くの時間をかけてつくる木製品は優れたものが多い。魚の加工に使う道具、たくさんの装飾品などは、マーポール文化型の代表例ともいえよう。

葬制にも変化があらわれて人々のあいだに社会的階層があったのであろうか、有力者の遺体のかたわらから軟質の石の円形ビーズ、ツノガイ製品、銀製品といった贅沢品《ぜいたくひん》と思われる出土例が多い。

マーポール文化型が登場する紀元前五〇〇年から四〇〇年にかけての背景にふれておこう。この文化が繁栄できた要因として考えられるのは、川をさかのぼってくるサケを大量に捕まえ、貯える術を見つけ、食料を十分に手にできたからである。

マーポール文化型からセーリッシュ海峡文化型へ移行したのは、この地域ではスムーズだったといえよう。もしかすると、文化の担い手は、内陸の高原地帯から移って来た人たちの可能性もある。というのは、両者の文化型の構成要素に共通したものがあり、前文化型の人工物のデザインや技を受け継いだものがみられるからである。

マーポール文化型とセーリッシュ海峡文化型への移行期につくられた遺物

が確認されており、この地域における両文化型の存続期間は紀元後三〇〇年から八〇〇年前後ではなかろうか。確実性に欠けるが、この文化型期の経済基盤は固まり、人々が平穏な日々を送れたのは紀元後四〇〇年か五〇〇年ころであろう。

この文化期の構成要素をみたばあい、他の文化型の遺物とちがいがあるため、ロワー・フレーザー・キャニオン地域のものかは疑わしい。

ボーデンは、ボールドウィン文化型からスカメル文化型への出現について、人口移動に注目した。スカメル文化期の文化とボールドウィンおよびマーポール文化期の伝統文化とが融合し、エメリー文化の構成要素を生み出したと説明している（Borden, 一九六八）。

また、ボールドウィン文化型とスカメル文化型が半世紀のあいだ、共存した根拠として、ボン・クロフも同じように考えている（Von Krogh, 一九八〇）。ことに、ロワー・フレーザー・キャニオン地域の遺物群が長期間にわたって受け継がれたことは重要である。太平洋沿岸域の文化変遷と同じく、ロワー・フレーザー・キャニオン地域固有の進化での文化様相をとらえることが必要である。このばあい、多くの伝統技術がつづいているなかで、スカメル文化期で一〇〇〇年間も石製品の製造が大幅に減少したのはふしぎである(Mitchell, 一九九〇)。

こうした数世紀におよぶ文化の停滞により、比較するとわからないことがある。ボールドウィン文化型とロカル・ビーチ文化型は同時代に存在し、類似点もあるため、ひとつの文化型の変形かもしれない。

スカメル文化型とマーポール文化型の出土品をくらべると、後者の大半は骨・角・貝殻製の加工品で占められている。そして、尖頭石器は形と種類は双方とも似ているし、粘板岩製の道具類、とくに薄型のナイフは両文化において遺物のなかで突出して多い。

この二つの文化型の大きなちがいは、石彫品の種類と量と、冬のシーズンの居住形態で、いずれもそれぞれの地域の特性が出ている。

同時代のキャニオン文化型とセーリッシュ海峡文化型には共通性がみられる。これは海峡域に暮らしたセーリッシュ族の領域全体をひとつとした文化型の変形ともいえよう。

四　クワキウトル族の領域

外国人との交易の時代は、共通の言語を話すクワキウトル族系のいろいろな部族が住んでいた。食料を得る手段は異なっていたがセーリッシュ族とほぼ同じだった。各部族は冬の何か月かを村で過ごし、儀式や祝祭を開いた。

彼らは貝、ベリー、食用植物の根を採集したり、オヒョウ、サケ、ユーラコン（ロウソク魚）などの漁をしたり、季節ごとに野営地や村を移動した。

ナイト入り江の奥部にあるツゥワティ遺跡やキングカム入り江の最深部に位

置するクァーイ遺跡の人たちがおこなったユーラコン漁には、一年で最も多くの漁師が集まった（Mitchell, 一九八三）。

この魚を木製容器に入れ、そこに熱い石を入れ、水を注いで表面に脂が出てくるまで煮沸し、冷ましたあとで魚脂を取り出す、脂は干した木の実やサケなどに浸すとソースになる。この魚脂は一年ないし二年は貯蔵できた（関、一九九三）。

遺跡の調査は、この地域の海岸域（Carlson and Hobler, 一九七六、Mitchell, 一九六九、一九七二）とバンクーバー島のニンプキッシュ川水系（Mitchell, 一九九〇）でおこなわれた。

この一帯における約五〇〇〇年の歴史にあって発掘により遺物が出土したのは、バンクーバー島のハーディー湾域に位置するフォート・ルパート遺跡（Capes, 一九六四）、オコナー遺跡（Chapman, 一九八二）、ベア・コーブ遺跡（C. Carlson, 一九七九、一九八〇）、ワトソン島のホープタウン・ビレッジ遺跡（Mitchell，一九七九）、ファイフ湾岸域の八遺跡（Mitchell，一九八一）だけである（図2）。

この地域の遺物の構成要素は二ないし三つの文化型にあてはまる。剥片石器が高い割合で出てきたオブシディアン文化型（紀元前二八〇〇年から五〇〇年ころ）と、剥片石器が少量だが、骨製品が大量に出土したハイダ・グワイ海峡文化型（紀元前五〇〇年から紀元後一八〇〇年くらい）である。

a　オブシディアン文化型（紀元前二八〇〇年から五〇〇年ころ）

この文化型の構成要素は、オコナーⅡの初期（Chapman，一九八二）、ベア・コーブⅢ（C. Carlson　一九七九、一九八〇）、ホープタウンⅠ（Mitchell，一九七九）、エコー・ベイ遺跡の初期層（Mitchell，一九八一）にみられる。

オコナー遺跡のばあい、遺物包含層の上部とオコナーⅡの遺物包含層の下部とでは出土品にちがいがある。高品質の黒曜石による細石刃、少量の磨製石器と骨器、粘板岩製の尖頭器、磨製石斧、片面逆刺付きの骨製銛と尖頭器、鳥骨製の錐、骨製の針、黒曜石製の剥片石器などから区分できる。なお、黒曜石による年代測定では三つの年代が示された。

貝層が出土したベア・コーブ遺跡（C. Carlson, 一九七九、一九八〇）のエリア二の遺物包含層の上部には黒曜石製の剥片石器が多く、この層位は紀元前二八〇〇年ころだが、放射性炭素一四による年代測定では紀元後九〇〇年前後と幅があるため、ベア・コーブⅢにふくまれる。

しかし、エリア二の貝層の遺物群は、黒曜石製の剥片石器が大半を占め、年代測定値はエリア一と三の貝層が約一七五〇年古いために区別している（Mitchell, 一九九〇）。

この文化型の代表例はわずかな資料の木葉形尖頭石器、黒曜石製の剥片石器、敲打石《こうだ》、骨製の複合式離頭銛・尖頭器、イガイの斧・ナイフなどである（Chapman, 一九八二、Mitchell, 一九九〇）。

なかでも、大量に出土するのは黒曜石製の剥片石器で、大きさはさまざまであるが、小型のものが多く、両面加工の初期段階のものであろう。

もう少し時代があとに出現するハイダ・グワイ海峡文化型とくらべて、剥片石器の割合が高く、骨角器は少ない。たとえば、ホープタウン遺跡Ⅰのばあい、出土品は骨角器一二パーセント、剥片石器七四パーセントだが、ハイダ・グワイ海峡文化型のホープタウン遺跡Ⅲでは、骨角器五六パーセント、剥片石器一パーセントである（Mitchell, 一九九〇）。

オブシディアン文化型期における動物遺存体の出土は、少数の遺跡から確認されている。人々は多くの食料源を利用し、のちの文化型の人たちと比較すると多岐にわたって捕獲している。

たとえば、貝類の主要なものはハマグリ、マルスダレガイ、ホンヒツスガイ、バカガイ、エソバイ、フジツボである。魚類で多く捕っているのはサケ、ニシン、ギンザメ、アイナメである。海生哺乳動物はコーストディア、ゴマアザラシ、鳥類はカモ、大型カモメ、カラス、アビ、カイツブリなどを多く捕まえている。

人々は黒曜石を材料とし、両面剥離技法でたくさんの剥片石器をつくるとともに、石・骨・貝を素材に道具を製作した。

魚の捕獲にあたっては、骨製の尖頭器や簎《やす》を使った。海生哺乳動物や大きな魚は逆刺の付いた単式や離頭銛で捕っている。しかし、陸生哺乳動物を射止める道具についてはつかめていない。

コースト・セーリッシュ族の領域で見つかった黒曜石製の剥片石器は、魚や動物の解体に用いたと思われる。

いくつかの遺跡の遺物包含層からしばしば出て

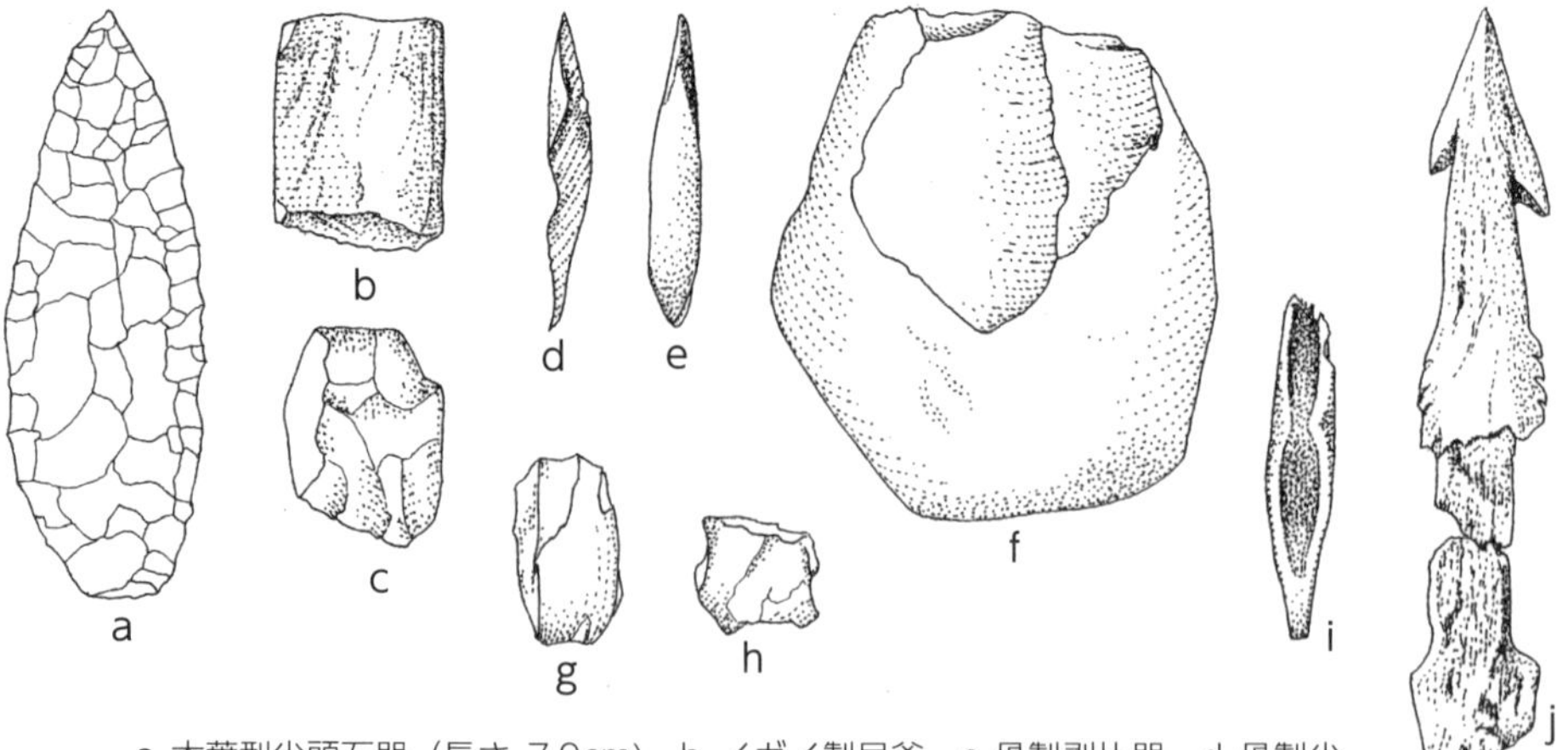

a 木葉型尖頭石器（長さ 7.9cm)、b イガイ製貝斧、c 骨製剥片器、d 骨製尖頭器、e 黒曜石の剥片、f 黒曜石の石核、g・h 黒曜石の剥片、i 離頭銛用の骨製バルブ、j 骨製銛先。

図７　クワキウトル族の領域、オブシティアン文化型（紀元前2800年から500年ころ）の遺物

くる加熱されて砕けた石は、ストーンボイリングやスティーミング調理法がおこなわれたとみてよい。

木工製品用には磨製石器やイガイ製の斧が使われ、木を割るときには楔を用いた。

ホープタウン・ビレッジ遺跡では、海岸沿いの遺物包含層には家の土台が埋っていたり、炉から出された灰が確認されたりした。

オコナー遺跡では春の終わりころと、初秋に住んだらしく、出土品の量も少なく、めぼしいものはない。

b　ハイダ・グワイ海峡文化型（紀元前五〇〇〇年ころから紀元後一八〇〇年ころ）

この文化型を特徴づけるものは、石槌、石製円盤、敲打石、磨製石斧、片側に逆刺のある骨製尖頭器、骨製の複合式離頭銛、骨製尖頭器（単・両式）、骨製錐、骨製紡錘車、クジラの骨製叩《たた》き具、骨製ピン、イガイ製の斧とナイフなどである（Chapman, 一九八二、Mitchell, 一九八一、一九九〇）。

なかでも骨製品とイガイ製品が遺物の大半を占め、骨製品は人工遺物の四五パーセント以上に達する。ホープタウン遺跡Ⅲの構成要素のうち、遺物の九六パーセントが骨と骨製品で、骨製品は五六パーセントと高い（Mitchell, 一九七九）。

食料資源の獲得は、オブシディアン文化型期の人たちと同じく、多種類にわたっているが、とくに依存したものは数種である。なかでもゴマアザラシとサケの捕獲量は突出していることから、彼らの主食と思える。

貝類では、マルスダレガイ、ホンヒツスガイ、ザルガイ、バカガイ、フシツボ、エソバイが多い。魚類ではサケの捕獲量が抜きん出ており、ついでニシンである。海生哺乳動物ではアザラシが圧倒的に多く、少量だがコーストディアとイルカを捕っている。鳥類の捕獲はオブシディアン文化型のばあいと似ているが、カラスの遺存体は少ない。(Mitchell, 一九九〇)。

ハイダ・グワイ海峡文化型にみる道具の製作法は、耐久性のある骨を使って彫り、削るのが主体である。石製品で剥離法が少なくなったのは、一八世紀初めのクワキウトル族の文化と似ている。ハイダ・グワイ海峡文化型の構成要素だった人工物が、のちにクワキウトル族によって製作されたものも多い。

各遺跡からいろいろな動物遺存体が確認されているので、季節ごとに人々の集中と分散があったことがわかる。

墓跡の調査が少なく、数か所の土壙墓は文化型の初期のものである。個々の埋葬法には大きなちがいがみられ、それは子供にも及んでおり、これは生まれながらの属性による差ではなかろうか。

いくつかの遺跡には防備したような痕跡があるため、近くの居住者とのあいだで争いがあった、とみるむきもある。これらの遺跡から石や骨を素材とした道具類、動物遺存体も見つかっており、特別な集落としてつくられたものではない。しかし、互いに争ったり、襲撃したりといったことが、しばしばあったのではなかろうか（Mitchell, 一九八二）。

残念ながら、こうした遺跡の発掘例が少ないうえに、出土遺物もみられない。おそらく、人々は長い歳月をかけて季節ごとに居住地の移動をくりかえしているうちに変容したのか、あるいは地域の変化の一般的なパターンなのか、決定しがたい。

たぶん、食料を求めた人たちが定期的に利用した地は、季節的な活動と深

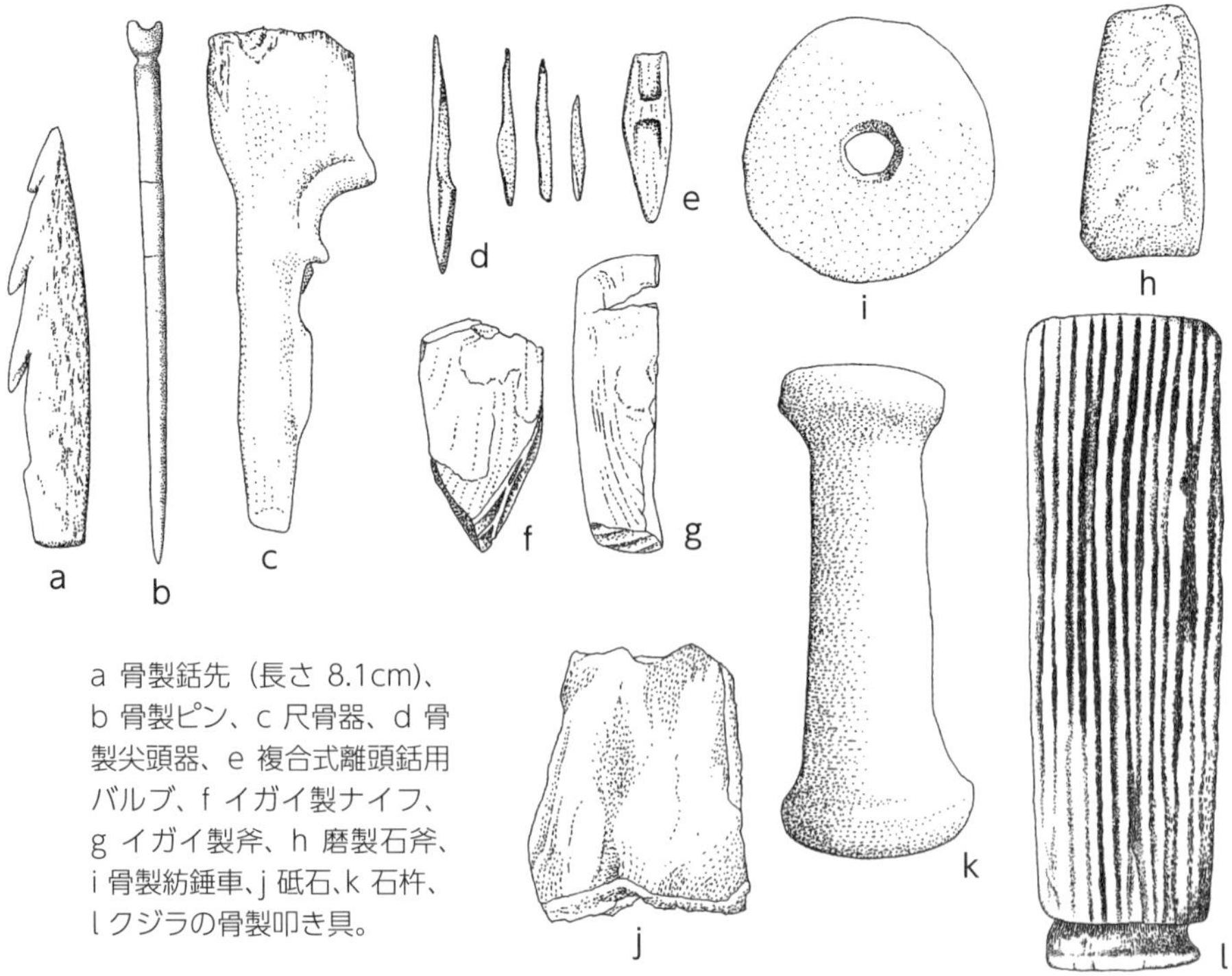

a 骨製銛先（長さ 8.1cm）、b 骨製ピン、c 尺骨器、d 骨製尖頭器、e 複合式離頭銛用バルブ、f イガイ製ナイフ、g イガイ製斧、h 磨製石斧、i 骨製紡錘車、j 砥石、k 石杵、l クジラの骨製叩き具。

図８　クワキウトル族の領域、ハイダ・グワイ海峡文化型（紀元前500年から紀元後1800年ころ）の遺物

いかかわりがありそうである。

ハイダ・グワイ海峡文化型の初期の遺物は紀元後三五〇年ころのホープタウンⅡとオコナーⅡの後半部は、いずれも隣接する同時期のセーリッシュ海峡のセーリッシュ族の領域から出土したマーポール文化型の遺物と似ている(Mitchell, 一九七九、Chapman, 一九八二)。

墓跡からはハマグリの貝殻でつくった円形ビーズを主とした豊かな副葬品が出ているほか、オコナー遺跡Ⅱにはマーポール文化型構成要素のものと類似する、片側に逆刺をもつ骨製尖頭器や銛頭が確認される。

クワキウトル族の領域内は、オブシディアン文化型とハイダ・グワイ海峡文化型を形成した人々の本拠地だった。両者は石器の製作術と骨・貝の加工術が優れ、食料獲得にも実力を発揮した。オブシディアン文化型のばあい、シンプルな黒曜石の剥離法と幅広い経済基盤が特徴といえよう。後続するハイダ・グワイ海峡文化型は骨と貝製品の技術が進化し、サケとアザラシを主要な食料源とし、紀元前五〇〇〇年ころ以降の生活基盤となった。

五　ヌートカ族の領域

この領域はバンクーバー島西岸のクック岬からファン・デ・フカ海峡までである。ヌートカ族の地には一七七八年にイギリス海軍のジェムズ・クック船長率いるレゾリューション号とディスカバリー号が、バンクーバー島の西岸、ヌートカ湾のヌートカ（ヌーチャヌルトゥッ）族の浜に碇《いかり》を下し、彼らの様子を描いている。

この地域の生活パターンは、ブリティッシュ・コロンビア州南部沿岸域とワシントン州北部沿岸一帯とはいくぶん異なっている。各地域集団には春と秋の分散期と冬の集合期があったほか、夏の集落には《連合》に属する集団が一同に集まり、にぎわいをみせた。こうした夏の集結は、広々とした沿岸のすぐ近くにあった主要なクジラの漁場前でおこなわれ、他の集落や野営地は冬を過ごすためや食糧を得るために選んだらしい。

この地域での発掘例は少なく、ヌートカ海峡周辺にあるユクォット・ビレッジ遺跡（Dewhirst, 一九八〇）、アルバーニ入り江の奥のシューメーカー・ベイ遺跡（McMillan and St.Clare, 一九八二）、ヘスキアト・ハーバー遺跡(Calvert, 一九八〇）などにすぎない（図2）。

この地域の二つの文化型、西海岸文化型とシューメーカー・ベイ文化型がみられるのは約五〇〇〇年間で、シューメーカー・ベイ遺跡のみである。他の遺跡の構成要素は西海岸文化型に分類される。

その年代はユクォット・ビレッジ遺跡で紀元前二八〇〇年ころ、ヘスキアト・ハーバー遺跡で紀元後一四〇年くらいで、一九世紀まで存続した。シューメーカー・ベイ文化型は紀元前一一〇〇年ころ以前に始まり、紀元後八五〇年前後に終わっている。

a 西海岸文化型（紀元前二八〇〇年ころから紀元後一七〇〇年代）

この文化型を特徴づけるものは、磨製石斧、粘板岩製の釣り針の軸、石槌、砥石、片側のみに逆刺をもつ骨製尖頭器、逆刺つき銛頭、箍、骨製複合式離頭銛、骨製の針、骨製の錐、海生哺乳動物の骨製の軸、クジラの骨製叩き具、シカの足指骨製ペンダント、イガイ製の斧とナイフなどである（Dewhirst 一九八〇）。

本文化型の遺跡から石の剥片や研磨した加工片がほとんど出土していないが、研磨具の砥石は数多く確認されている。

ヘスキアト・ハーバーの奥にある歴史時代に死者を埋葬した洞窟からは、イエローシダーの樹皮製ローブ、イグサ製マット（編んだものと縫ったもの）、シダーの樹皮製マット（格子編みのものと綾編みのもの）、シダーの樹皮製格子編み小袋と大きな三角形の貯蔵籠、シダーの樹皮、シダーの小枝、海藻のケルプを材料に二本から三本を撚り合わせた綱が見つかっている（Mitchell,

一九九〇)。

ヘスキアト・ハーバー遺跡出土の動物遺存体の分析 (Calvert, 一九八〇) とユクォット・ビレッジ遺跡の出土品の検討 (Clarke and Clarke, 一九八〇、Fournier and Dewhirst, 一九八〇、Mcallister, 一九八〇) により、人々は多種の食べ物を入手していたことがわかった。

しかし、ヘスキアト・ハーバー遺跡は西海岸文化型の例外で、この領域にはサケがのぼる河川がほとんどなく、その捕獲量は低かった。

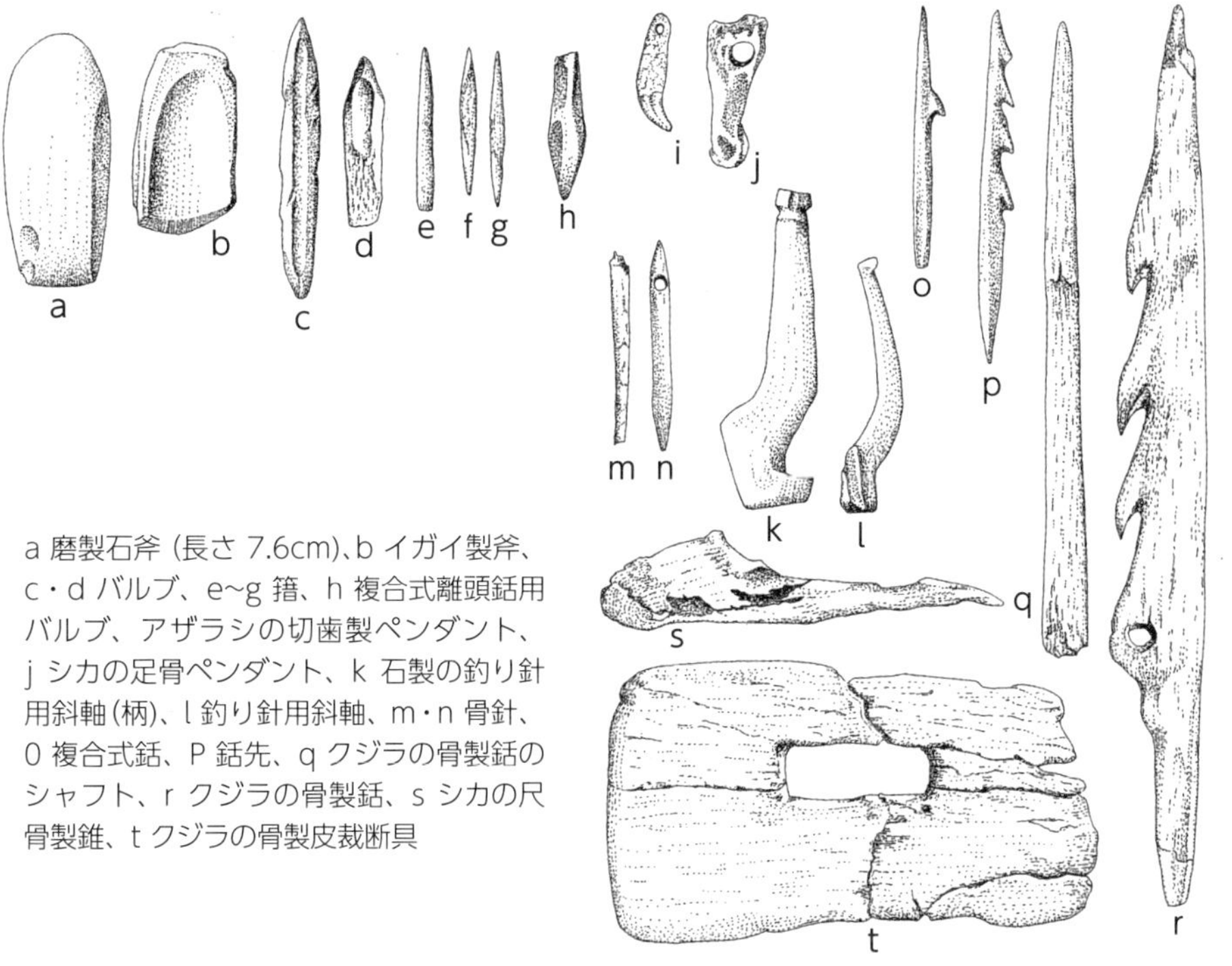

a 磨製石斧 (長さ 7.6cm)、b イガイ製斧、c・d バルブ、e~g 箝、h 複合式離頭銛用バルブ、アザラシの切歯製ペンダント、j シカの足骨ペンダント、k 石製の釣り針用斜軸(柄)、l 釣り針用斜軸、m・n 骨針、0 複合式銛、P 銛先、q クジラの骨製銛のシャフト、r クジラの骨製銛、s シカの尺骨製錐、t クジラの骨製皮裁断具

図9　西海岸文化型 (紀元前2800年から紀元後1700 年ころ) の遺物

ヘスキアト・ハーバー遺跡で特筆すべきは魚の出土が圧倒的に多いことである。なかでも岩礁に棲息する魚が突出している。サケ、ニシン、小型のサメはあまり食されていなかったが、ニシンは好んで食べられていた。哺乳動物ではクジラ、アザラシ、イルカの捕獲が目立ち、ついでコーストディアである。

鳥類ではアホウドリ、アビ、カモメ、ガン、ウミガラスを捕っており、ユクォット・ビレッジ遺跡と同じパターンである。貝類はマルスダレガイ、ホンヒツスガイ、バカガイを大量に採取しており、バイガイとイガイがつづいて採られていた。

この文化型の人工遺物はヌートカ族が使うものとよく似ており、道具の制作術でも共通している。ことに骨製品には技のさえがみられ、クジラや小型の海生哺乳動物を仕留める銛、サケ漁に使う銛や釣り針、サケやニシンの解体や調理に用いるナイフである。

こうした道具類や技法を示す遺物がユクォット・ビレッジ遺跡の紀元前二八〇〇年から一二〇〇年前後の生活層から出土している。

b　シューメーカー・ベイ文化型（紀元前一一〇〇年から紀元後八五〇年ころ）

シューメーカー・ベイ遺跡の出土品からみると、アルバーニ入り江の奥に住んでいた人たちの暮らしは遠く離れた西部とは異なっていた（McMillan and St. Claire, 一九八二）。この入り江はバンクーバー島に深く切り込み、その奥は島の東岸近くまで伸びている。

この遺跡から見つかっている品々は、セーリッシュ海峡文化型の遺跡からの出土遺物と類似することが多い。アルバーニ入り江の奥部の文化変遷は、セーリッシュ海峡周辺域の人々の生活圏が東部に広がったといえよう。

本遺跡のCゾーンとDゾーンはともに、ロカルノ・ビーチ北部文化型にちかい。マクミランらの分類では、Ｂゾーンの遺物とＥゾーンの少量の遺物を合わせてシューメーカー・ベイⅠ型を形成するという（McMillan and St. Claire, 一九八二）。

たとえば、粘板岩製や片岩製のナイフ、細石刃、水晶結晶石や黒曜石製の剥片石器、粘板岩製の尖頭器、磨製石斧、骨製離頭銛などである。ただし、石製品よりも骨角離頭銛などが多い。そして、石製品よりも骨角製品の出土率は低く、これらは似ており、Ｃゾーンは放射性炭素一四の年代測定法によると紀元前一一〇〇年前後である（Mitchell, 一九九〇）。

Ｂゾーンは、多数の遺物がＣ・Ｄゾーンに共通するが、骨角製品が大幅に増えるいっぽうで、細石刃と細石剥片が減少している。ロカル・ビーチ文化型とセーリッシュ海峡文化型のあいだの層位は、全体的にマーポール文化型系の遺物と一致している。

シューメーカー・ベイⅡ型（Ａゾーンにある）は、まぎれもなくセーリッシュ海峡文化型の遺物であるが、異質性をもち、同時代の西海岸文化型の傾向がある。それは、釣り針や磨製石斧の形態が、ユクォット・ビレッジ遺跡やヘスキアト・ハーバー遺跡出土の加工品と似ているからである。

ヌートカ族の領域における少数のデータからみて、紀元前三〇〇〇年ころ以降の生活面と技術面では著しい変化はなかった。ただし、先史時代後期から歴史時代初期にアルバーニ入り江の奥に居住したセーリッシュ族と思われる集団が吸収され、ヌートカ族と入れ替わったことは注目される。このことは、セーリッシュ族が長い期間そこに存続していたことが考古資料から実証できる（Drucker, 一九五一）。

六　おわりに

セーリッシュ海周辺域とヌートカ族の領域をくらべると、南地域は三つの異なる先史文化をもっている。たとえば、クワキウトル族の領域を比較したばあいは類似している。とくに、クワキウトル族の領域のオブシディアン文化型は、セーリッシュ海周辺域のチャールズ文化型やロカルノ・ビーチ文化型と共通性はあるが、ヌートカ族の領域における同時代の西海岸文化型とはかなり異なっている。

しかし、これとは対照に、のちのハイダ・グアイ海峡文化型は西海岸文化型とちかいが、マーポール文化型の初期様式との関連性はなく、その遺物は南部のものとはちがう。

紀元前五〇〇年ころより以前、ブリティッシュ・コロンビア州南部沿岸には二つの集団が住み、それぞれの独特の文化をはぐくんでいた。

バンクーバー島西岸にはワカシャン語を話すヌートカ族とクワキウトル族の祖先が暮らし、ピュージェット湾の水路、セーリッシュ海、ハイダ・グワイ海峡の周辺域にはセーリッシュ語を話す人たちが居住していた。

また、バンクーバー島北岸からベラ・クーラ川流域にかけた地方にはセーリッシュ族の先祖が生活していたと思われる。

紀元前五〇〇年ころ、ノーザン・ワカシャン語を話すクワキウトル族は、バンクーバー島西岸北部からハイダ・グワイ海峡周辺域まで領域を拡大した。その後、数百年が過ぎてから、人々はカナダ本土の海岸沿いを北上した。

この領域拡大の過程で、セーリッシュ系とツイムシアン系の各部族は、セーリッシュ語を話すベラ・クーラ族をのぞき、すべてが吸収された。セーリッシュ族の領域への侵略は歴史時代に入ってもつづいた。

この領域拡大の狙いは何だったのであろうか。ひとつは、バンクーバー島のニンプキッシュ川にのぼってくる大量のサケや、ナイト入り江やキングカム入り江のユーラコンの漁場を得るためであろう。

また、外国人との接触時代にみられた冬の儀式を準備し、盛大に催した人たちの末裔の戦士団の成長が侵略者に優位な立場をあたえたとも考えられる。

紀元前五〇〇年ころ以降、食料獲得の拡大や人口の増加、個人や集団の地位に対するあらわれとしてマーポール文化型が、同時発生的な、あるいは誘発的な発展を遂げ、ノーザン・ワカシャン族の優位性を効果的に拒《こば》んだのではなかろうか。

クワキウトル族の南部への移動は、歴史時代初期に銃の利用によって形勢が有利になるまで阻止《そし》されたが、その後、セーリッシュ語を話す集団は再び領域の一部を失ったのである。

本文を起稿するにさいし、ドナルド・ミッチェル先生の助言と論文を参考にさせていただいた。図はMitchell　一九九〇による。

参考文献のコピーはアメリカ自然史博物館人類学部のスタッフの協力を得た。

参考・引用文献

Borden, Charles E.

1951　Facts and Problems of Northwest Coast Prehistory. *Anthropology in British Columbia* 2:35-52. Victoria.

1961　Fraser River Archaeological Project: Progress Report. *National Museum of Canada Anthropological Papers* 1.Ottawa.

1968　Prehistory of the Lower Mainland. Pp.9-26 in Lower Fraser Valley: Evolution of a Cultural Landscape. Alfred H.Siemens, ed. *University of British Columbia Geographical Series* 9. Vancouver.

Calvert, Sheila Gay

1970　The St. Mungo Cannery Site: A Preliminary Report. Pp. 54-76 in Archaeology in British Columbia. New Discoveries. Roy L. Carlson, ed. *British Columbia Studies* 6-7. Vancouver.

Capes, katherine H.

1964　Contributions to the Prehistory of Vancouver Island. *Occasional Papers of the Idaho State University Museum* 15. Pocatello.

Carlson, Catherine

1979　The Early Component at Bear Cove. *Canadian Journal of Archaeology* 3 : 177-194.

Carlson, Roy L.

1970　Excavations at Helen Point on Mayne Island. Pp. 113-125 in Archaeology in British Columbia, New Discoveries. Roy L. Carson, ed. *British Columbia Studies* 6-7 (Fall-Winter). Vancouver.

Chapman, Margaret W.

1982　Archaeology Investigations at the O'Connor Site, Port Hardy. Pp.65-132 in Papers on Central Coast Archaeology. Philip M. Hobler, ed. *Simon Fraser University.Department of Archaeology Publications* 10. Burnaby, British Columbia.

Clarke, Louise R., and Arthur H. Clarke

1980　Zooarchaeological Analysis of Mollusc Remains from Yuquot, British Columbia. Pp.37-57 in *The Yuquot Project*. Vol. 2. William J.Foan and John Dewhirst eds. *Canada. National Historic Parks and Sites Branch. History and Archaeology* 43. Ottawa.

Dewhirst, John

1980　The Indigenous Archaeology of Youquot, a Nootkan Outside Village. *The Yuquot Project*. Vol. 1. William J.Folan and John Dewhirst, eds. *Canada. National Historic Parks and Sites Branch. History and Archaeology* 39. Ottawa.

Drucker, Philip

1951　The Northern and Central Nootkan Tribes. *Bureau of American Ethnology Bulletin* 144. Washington.

1955　Sources of Northwest Coast Culture. Pp. 59-81 in New Interpretations of Aboriginal American Culture Hstory. Washington: Anthropological Society of Washington. (Reprinted: Cooper Square Publishers, New York, 1972.)

Duff, Wilson

1952　The Upper Stalo Indians of the Fraser Valle, British Columbia. *Anthropology in British Columbia. Memoirs* 1. Victoria.

Flennikn, J.Jeffrey

1981　Replicative Systems Analysis: A Model Applied to the Vein Quartz Artifacts from the Hoko River Site. *Washington State University. Laboratory of Anthropology. Reports of Investigations 59; Hoko River Archaeological Project Contributions* 2. Pullman.

Fournier, Judith A., and John Dewhirst

1980　Zooachaeological Analysis of Barnacle Remains from Yuquot, British Columbia. Pp. 59-102 in *The Yuquot Project*. Vol.2. William J.Folan and John Dewhirst, eds. *Canada. National Historic Parks and Sites Branch. History and Archaeology* 43. Ottawa.

LeClair, Ronald

1976　Investigations at the Maurer Site Near Agassiz. Pp.33-42 in Current Research Reports. Roy L. Calson, ed. *Simon Fraser University. Department of Archaeology Publications* 3. Burnaby, British Columbia

McAllister, Nancy M.

1980　Avian Fauna from the Yuquot Excavation. Pp.103-174 in *The Yuquot Project*. Vol.2 William J.Folan and Jolm Dewhirst, eds. *Canada. National Historic Parks and Sites Branch. History and Archaeology* 43. Ottawa.

McMillan, Alan D., and Denis E. Sr. Claire

1982　Alberni Prehistory: Archaeological and Ethnographic Investigations on Western Vancouver Island. Penticton and Port Alberni : Theytus Books and Alberni Valley Museum.

Matson, R.G.

1976　The Glenrose Cannery Site. *Canada. National Museum of Man. Mercury Series. Archaeological Survey Papers* 52. Ottawa.

Mitchell, Donald H.

1971　Archaeology of the Gulf of Georgia Area, a Natural Region and Its Culture Types. Syesis 4(supp. 1). Victoria, British Columbia

1972　Artifacts from Archaeological Surveys in the Johnstone Strait Region, Syesis 5: 21-42. Victoria, British Columbia

1979　Excavations at the Hopetown Village Site (EfSq 2) in the Knight Inlet Area of British Columbia. Pp.87-99 *in Annual Report for the Year1976: Activities of the Provincial Archaeologists Office of British Columbia and Selected Research Reports*. Victoria, British Columbia.

1981a　Sebassa's Men. Pp. 79-86 in The World Is As Sharp As a Knife: An Anthology in Honour of Wilson Duff. Donald N. Abbott, ed. Victoria: British Columbia Provincial Museum.

1981b　Test Excavations at Randomly Selected Sites in Eastern Queen Charlotte Strait. Pp.103-123 in Fragments of the Past: British Columbia Archaeology in the 1970s. knut R. Fladmark, ed.British Columbia *Studies* 48(Winter). Vancouver.

1983　Seasonal Settlements, Village Aggregations and Political Autonomy on the Central Northwest Coast. Pp.97-107 in The Development of Political Organization in Native North America. Elisabeth Tooker, ed. *Proceedings of the American Ethnological Society*. Washington, 1979.

1990　Prehistory of the Coasts of Soutern British Columbia Northern Washington. *Handbook of North American Indians -Northwest Coast-* Vol.7. Pp.340-358. Smithsonian Institution Washington.

Patenaude, Valerie C., ed.

1985　The Pitt River Archaeological Site, DhRq 21 : Coast Salish Seasonal Camp a tthe Lower Fraser River. *British Columbia. Heritage Conservation Branch. Occasional Papers* 10. Victoria.

Von Krogh, G.Henning

1976　The 1974 Katz Salvage Project. Pp. 68-82 in Current Resear-ch Reports. RoyL. Carlson, ed. Simon *Fraser University. Department of Archaeology Publications* 3. Burnaby. British Columbia.

1980　Archaeological Investigations at the Flood and Pipeline Sites, Near Hope, *British Columbia. British Columbia. Heritage Conservation Branch. Occasional Papers* 4. Victoria.

関　俊彦

1993　「北米・北西海岸地域の先住民の生活」『考古学の世界』9号、44 ~ 76頁　学習院考古会

2011　「カナダ・ジョージア海峡域にみる先史文化」『坪井清足先生卒寿記念論文集』495 ~ 504頁　坪井清足先生の卒寿をお祝いする会

「カナダ北西海岸地域の先住民－ハイダ族について－」『青山考古』第27号
145 ~ 175頁　青山考古学会
2012 「カナダ北西海岸地域の先住民－ツィムシアン族－」『青山考古』第28号
51 ~ 83頁　青山考古学会

◎関　俊彦
2017 「米国ワシントン州北部の先史文化」『考古学論究』第19号　157 ~ 178頁
立正大学考古学会

第四章

コロンビア川下流域とウィラメット川流域の先史文化

一　はじめに

太平洋にそそぐコロンビア川の河口に暮らす一八世紀の先住民について、ヨーロッパ人が記録を残している。それは断片的であるが、民族誌として参考になる。

このころ、コロンビア川下流域一帯には生活習慣の異なる人々が、二つの川を挟《はさ》んで居住していた。

コロンビア川下流にはチヌーク族が、ウィラメット盆地にはカラプーイア族とモララ族が住んでいた。この二つの地域はウィラメット滝を境に分かれ、周辺には滝から流れ落ちるウィラメット川と、その支流でコロンビア川下流域を流れるクラッカ川がゆったりと蛇行している。

二つの地域性を生み出している要因の一つが、水棲《すいせい》の生き物と考えられる。大河であるコロンビア川には、一三種類ほどの魚が棲息していたことがわかっている。いっぽうのウィラメット川水系では、その種類はごく少数にすぎない。コロンビア川にはチョウザメ、サケ、ユーラコン、ゴマアザラシなど、淡水産や海洋哺乳動物が生息するが、滝から流出するウィラメット川ではみられない（Loy, 一九七六）。

コロンビア川下流域は水棲の生き物をはぐくむプランクトンなどが豊富であるのに対し、ウィラメット盆地に源流をもつウィラメット川は魚介類の生息条件が劣っているといえよう。この条件のちがいが二つの地域性となってあらわれたのではなかろうか。

初期の遺跡は太平洋岸に近い内陸部に点在し、狩猟具が出土遺物の大半を占める。コロンビア川の流域でも古い遺跡はあり、ウィラメット川流域では未確認の有溝石錘《ゆうこうせきすい》や円形石器などが出ている。両地域とも紀元前六〇〇〇年ころには人が住み、別々の発展をとげたようである（表1）。

年代	コロンビア川下流域	
	ポートランド盆地	コロンビア川河口
	マルトノーマ文化３期	ヒストリック文化期
1500	マルトノーマ文化２期	イルワコ文化２期
1000	マルトノーマ文化１期	イルワコ文化１期
500		
A.D. – B.C.	メリーベル文化期	
500		シール・アイランド文化期
1000		
1500		
2000		
2500		
3000		
3500		
4000		ヤングス・リバー複合文化期
4500		
5000		
5500		
6000		

ウィラメット盆地・川			
時期	中流域	上流域	カスケード山麓
	ヒストリック文化期		
後期アルカイック	フラー文化期	ハード文化期	リグドン文化期
中期アルカイック			ベビー岩陰文化期
前期アルカイック			カスカディア文化期

表１　コロンビア川下流域とウィラメット盆地における文化編年

二　コロンビア川下流域

●文化期

この河川の文化域は、ポートランド盆地とコロンビア河口に二分できよう(Pettigrew, 一九七七・一九八二)。これまでポートランド盆地域は東のサンディ川と西のオレゴン州レーニアに挟まれた範囲が対象だった。現在のところ最古の遺跡は紀元前六〇〇年くらいまでさかのぼれる（図3）。

文化期は、メリーベル文化期とマルトノーマ文化一・二・三期で、それぞれの文化段階を分けるのは投槍《とうそう》用尖頭石器の差からである。

メリーベル文化期の主要石器は大型の有茎《ゆうけい》石鏃で、マルトノーマ文化期は小型の石鏃が中心である（図1）。

メリーベル文化期の遺物には、細身の石鏃、三日月形の石器、垂飾《すいしょく》（ペンダント）、剥片の円形石器、投槍器用の錘《おもり》といったものがある。

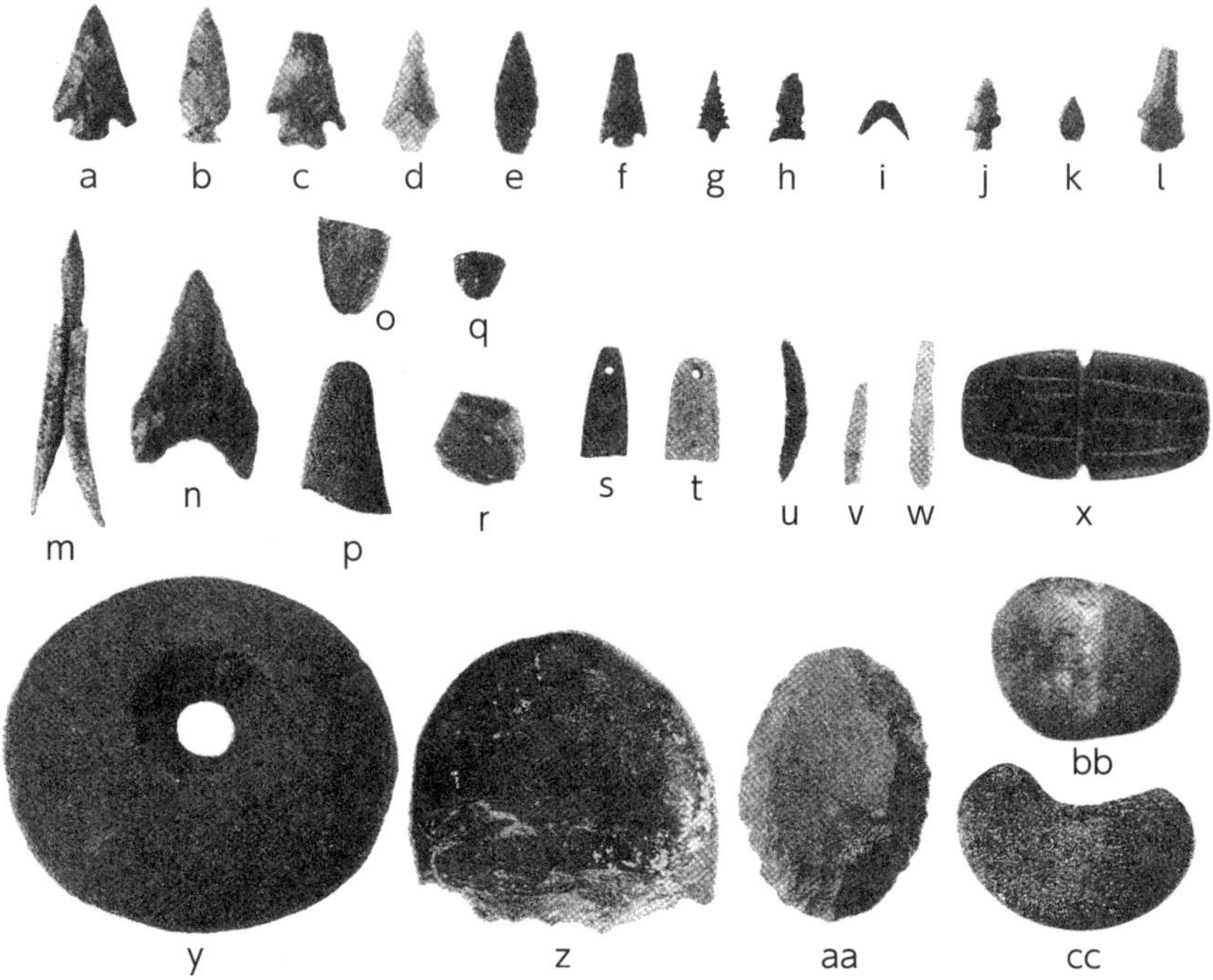

図1　ポートランド盆地で見つかったメリーベル文化期とマルトノーマ文化期の遺物

a 1型有茎石鏃（メリーベル）、b 2型有茎石鏃（メリーベル）、c 3型有茎石鏃（メリーベル）、d 5型有茎石鏃（メリーベル）、e 6a型投槍用尖頭器（メリーベル）、f 7型有茎石鏃（マルトノーマ）、g 9型有茎石鏃（マルトノーマ）、h 12型有茎石鏃（マルトノーマ2・3）、i 13型無茎石鏃（マルトノーマ2・3）、j 15型有茎石鏃（マルトノーマ2・3）、k 16型無茎石鏃（マルトノーマ1）、l 有茎式錐（メリーベル）、m 複合式離頭銛先（マルトノーマ）、n 大型石鏃（マルトノーマ）、o 土偶（マルトノーマ）、p 土版（マルトノーマ）、q 小型掻器（マルトノーマ）、r 大型掻器（マルトノーマ）、s—t 有孔ペンダント（メリーベル）、u 三日月形剥片（メリーベル）、v—w 剥片（メリーベル）、x アルトラル用の錘（メリーベル）、y 有孔錘（マルトノーマ2・3）、z 片面加工の剥片石器（メリーベル）、aa 周辺の剥片石器（メリーベル）、bb 有溝石錘（マルトノーマ1）、cc 刻み目入り錘（マルトノーマ1）.
※x の長さ7.5cm、他も同縮尺。

マルトノーマ文化期の代表的遺物は有溝石錘、石刃、テラコッタ（土偶）、タブレット（土版）などで、この他にこの文化の三期には、一七五〇年以降の数々の交易品や銅管が伴出する。

コロンビア川河口の文化期の年代については決定的なものがない。たとえば、紀元前六〇〇〇年から紀元後一八五一年、しかし、放射性炭素一四の年代では紀元前一二〇〇年ころまでしか測定されていない。

現段階では四つの文化期、ヤングス・リバー複合文化期（紀元前六〇〇〇年から四〇〇〇年ころ）、シール・アイランド文化期（紀元前四〇〇〇年から紀元後一年ころ）、イルワコ文化期（紀元後一年から一七七五年）、ヒストリック文化期（紀元後一七七五年から一八五一年）である。なお、イルワコ文化期は、イルワコ一期（紀元後一年から一〇五〇年）とイルワコ二期（紀元後一〇五〇年から一七七五年）に二分される。

ポートランド盆地における文化期の分類にあたり、石鏃の存在が大きい。

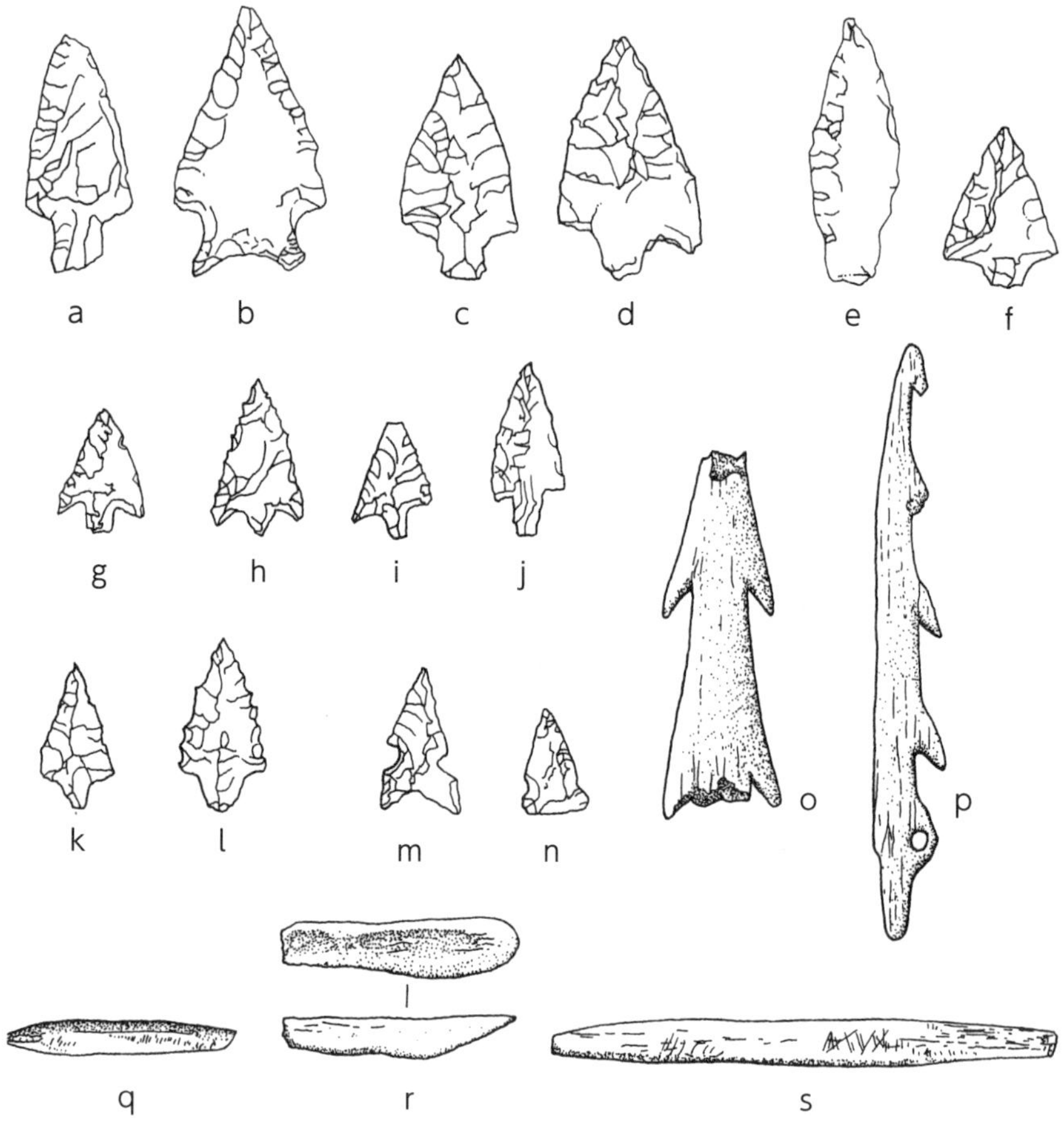

図２　コロンビア川河口出土の石鏃と銛先

a ２型（シール・アイランド文化期）、b ３型（シール・アイランド文化期）、c—d ４型（シール・アイランド文化期）、e—f ５型（シール・アイランド文化期）、g—j ９型（イルワコ文化期）、k—l 10型（イルワコ文化期）、m—n 12型（イルワコ文化期2）、o—p 単一式銛先（シール・アイランド文化期。イルワコ文化期2にはない）、q—s 尖頭器 q + 逆刺 r + 柄 s の部分からなる複合式離頭銛（イルワコ文化期）.
※s の長さ8cm、他も同縮尺。

さらに石錘《せきすい》、投槍器用の錘、組合せ式の離頭銛、ツノガイ製のビーズも重要な要素である（Pettigrew, 一九八一）（図2）。

各文化期の遺跡は、それぞれ発掘されたものもあるが、その数は少ない。

ヤングス・リバー複合文化期の最古の資料は表面採集によるものである。この期の特徴は柳葉形尖頭石器、有肩尖頭石器、有茎掻器、石錘などである。

シール・アイランド文化期は、大型の有茎石鏃が特徴である。バンクーバー湖南東岸の四五CL三一遺跡は、紀元前一五六〇年と一四一〇年の放射性炭素一四の測定年代が得られているが、炉跡と石器を結び付けるものがない（Wessen and Daugherty, 一九八三）。

ついで古いものは、コロンビア川河口近くのエディ・ポイント遺跡の最下層が紀元前一一八〇年、そしてポートランド盆地にあるメリーベル遺跡の紀元前九三〇年と九〇〇年である（Pettigrew, 一九八一）。

イルワコ文化の一期では投槍用の錘、大型の尖頭石器、イルワコ文化の二期では大型の尖頭石器は消え、小型の尖頭石器に取って替わる。

(1) マーティン遺跡
(2) フィッシング・ロックス遺跡
(3) バークハルター遺跡
(4) スカモカワ遺跡
(5) アイビィ・ステーション遺跡
(6) エディ・ポイント遺跡
(7) トロージャン遺跡
(8) アベニューQ遺跡
(9) パー・ティー遺跡
(10) パームローズ遺跡
(11) パウェル遺跡
(12) デッカー遺跡
(13) マラーキー遺跡
(14) 35CO3遺跡
(15) バチェラー・アイランド遺跡
(16) 45CL54遺跡
(17) メイアー遺跡
(18) ホーム・バレー・パーク遺跡
(19) ハーゾグ遺跡
(20) マクラーリン遺跡
(21) パンプ・ハウス遺跡
(22) チョリック遺跡
(23) カースティング遺跡
(24) ダック・レーク遺跡
(25) シュルツ・マーシュ遺跡
(26) ケーブルズ遺跡
(27) 45SA11遺跡
(28) 45CL31遺跡
(29) 45SA12遺跡
(30) 45SA19遺跡
(31) 45SA13遺跡
(32) コプリン遺跡
(33) リヨン遺跡
(34) メリーベル遺跡
(35) ダグラス遺跡
(36) ビショッププブリック遺跡
(37) レディ・アイランド遺跡
(38) ブルー・レーク遺跡
(39) ギアーツ遺跡
(40) サンディ遺跡
(41) モスタル・ビレッジ遺跡
(42) フェルディマー遺跡
(43) スコギンズ・クリーク遺跡
(44) フラー・マウンド遺跡
(45) ファニング・マウンド遺跡
(46) ハガーズ・グローブ遺跡
(47) ラッキアミュート・ハース遺跡
(48) テンプルトン（タンジェント）遺跡
(49) レバノン遺跡
(50) カスカディア洞穴
(51) ハルゼー・マウンド遺跡
(52) ティドビッツ遺跡
(53) クロップ遺跡
(54) ミラー・ファーム遺跡
(55) シムロック遺跡
(56) バーンズ遺跡
(57) デビッドソン遺跡
(58) リンチ遺跡
(59) スパーランド・マウンド遺跡
(60) リンゴ遺跡
(61) バージン・ランチ・マウンド遺跡
(62) ベンジャミン遺跡
(63) スミスフィールド・マウンド遺跡
(64) カーク・パーク遺跡
(65) フラナガン遺跡
(66) ビーブ遺跡
(67) ハード遺跡
(68) モホーク・リバー・クロービス遺跡
(69) ハルバーソン遺跡
(70) ハナバン・クリーク遺跡
(71) パーキンズ・ペニンスラ遺跡
(72) ロング・トム遺跡
(73) インディアン・リッジ遺跡
(74) ブラッドレー・モーン遺跡
(75) ラルストン遺跡
(76) サーデン・コンフルエンス遺跡
(77) フォール・クリーク遺跡
(78) 35LA70遺跡
(79) シモンズ遺跡
(80) 35LA92遺跡
(81) 35LA118遺跡
(82) ベビー岩陰
(83) バック・クリーク遺跡
(84) ボヘミア・マイニング・ディストリクト・クロービス遺跡
(85) 35LA528遺跡
(86) 35LA529遺跡
(87) 35LA573遺跡
(88) 35LA574遺跡
(89) 35LA599遺跡
(90) リグドンズ・ホース・パスチュア洞穴

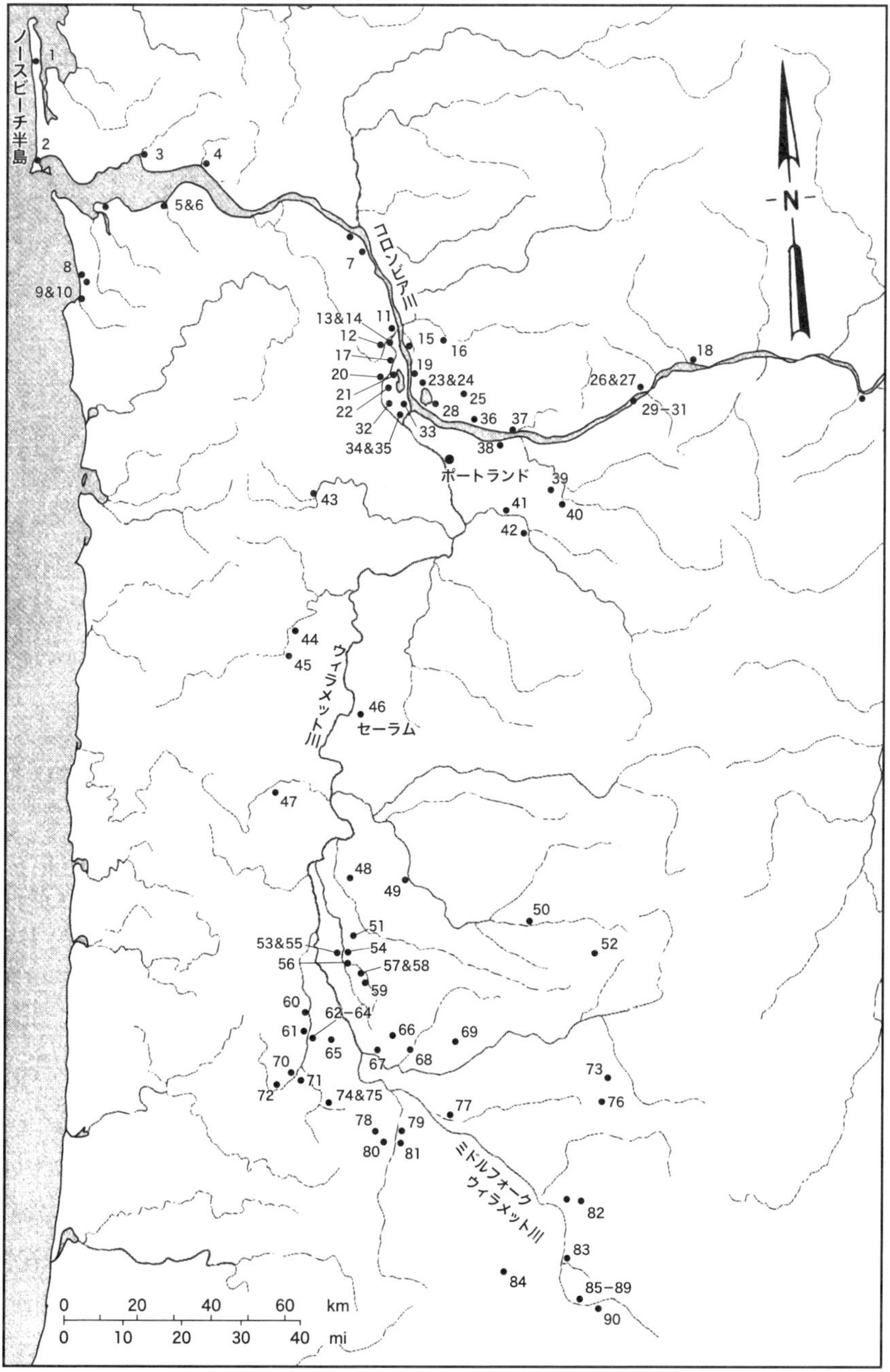

図3　コロンビア川下流域とウィラメット川流域の遺跡

●各遺跡

コロンビア川下流域に人々が暮らした痕跡は、細長くのびた低地から確認されている（図3）。コロンビア川の水位は、過去一万年のあいだほぼ変化がなく、海面の高さはカスケード山麓近くまでほとんど同じである。

海面は紀元前八〇〇〇年ころの少し前から上昇し、紀元前三〇〇〇年くらいに現在の水位に定着したらしい（Fladmark, 一九七五）。したがって、紀元前約三〇〇〇年前に氾濫原にあった遺跡はすべて流出されたか、沖積層に埋没したかのいずれかである。

コロンビア川下流域のダルズ市にある最古の遺跡は、更新世《こうしんせい》の終わりから川の堆積と浸食を流動的にくりかえしてきた氾濫原《はんらんげん》の上にある。

ポートランド盆地とカスケード地帯にあるこれらの遺跡は、川から二km以上の所にある高地遺跡と、一km以内にある周辺遺跡とに二分できる。これらの遺跡から出土した遺物の代表例を図示しておこう（図4）。

高地遺跡の典型はカスケード山脈の真西にあるギアーズ遺跡である（Woodward, 一九七二）。出土遺物からして、ここは季節ごとの狩猟用のキャンプ地と考えられる。投槍用の尖頭石器はすべて大型の柳葉形で、紀元前六〇〇〇年から四〇〇〇年ころのものである。この遺跡に住んだ人たちはクラッカマス川ないしコロンビア川沿岸を拠点に狩りをおこなったとみてよい。

高地遺跡の四五CL五四もギアーズ遺跡とほぼ同一時期であるが、かなり異質な遺物が出ている。ギアーズ遺跡と同じ出土品のほかに、石皿と磨り石、磨製有孔石器、石製タバ

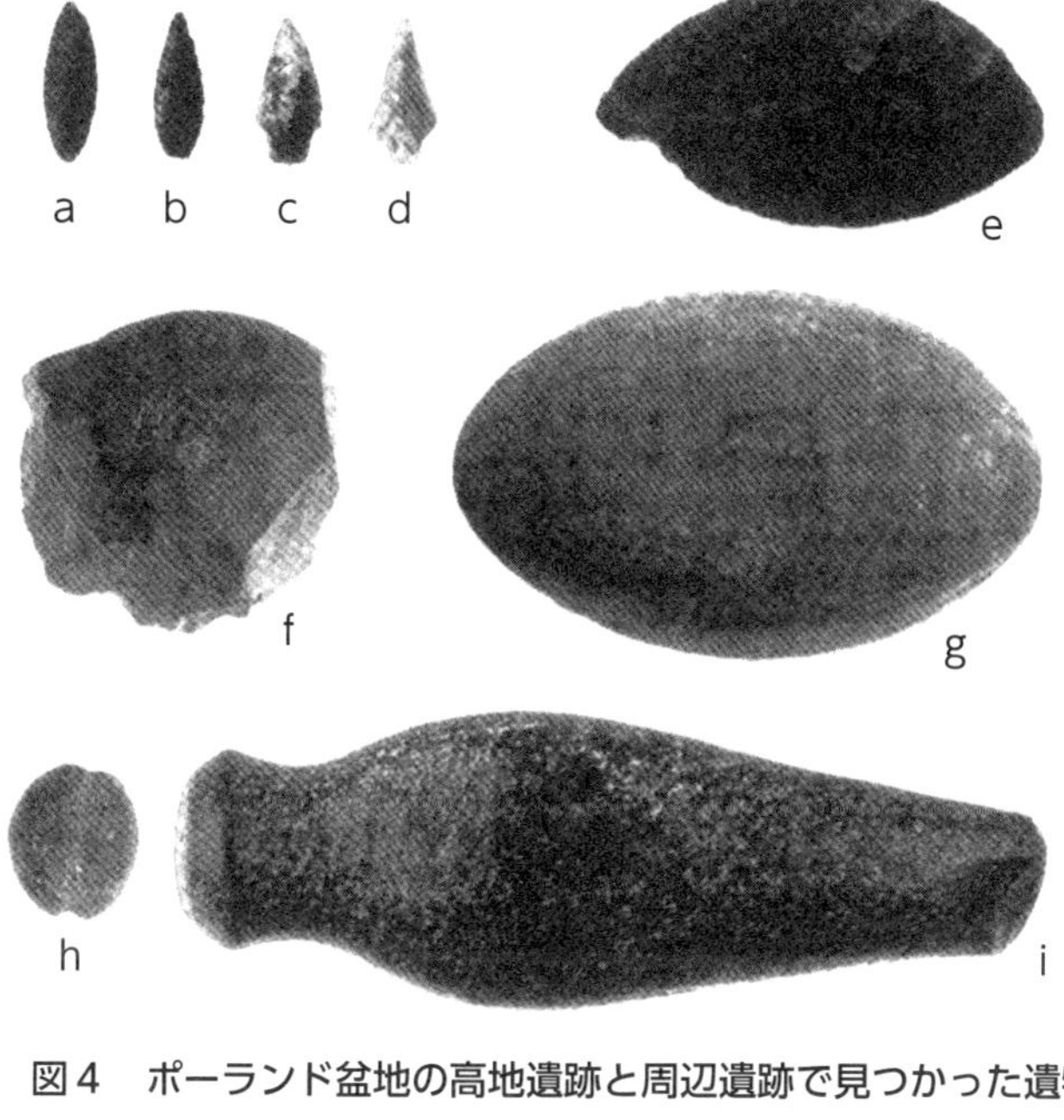

a—b 6a型投槍用尖頭石器
c—d 5型有茎石鏃
e 卵形両面加工の石器
f 片面加工の剥片石器
g 紡錘形石器
h 有溝石錐
i 石斧
※i の長さ21.6cm、
他も同縮尺。

図4　ポーランド盆地の高地遺跡と周辺遺跡で見つかった遺物

コ用パイプ、有孔石器、炉跡などが確認されている（Tuohy and Bryan, 一九五八－一九五九）。この遺跡の放射性炭素一四の測定年代は紀元前八五〇〇年から六〇〇〇年くらいで、スネーク川下流域のウィンダスト文化期の要素（Rice, 一九七二）とも似ている。

また、ダルズ市に位置するロードカット遺跡は紀元前九〇〇〇年から六〇〇〇年前後で、多くの石錘が出土している（Cressman, 一九六〇）。ギアーズ遺跡と四五ＣＬ五四遺跡では投槍用の柳葉形尖頭石器、両面加工の卵形石器が伴出している。両石器は紀元前六〇〇〇年から二五〇〇年ころの所産で、スネーク川下流域のカスケード文化期のものと類似している（Leonhardy and Rice, 一九七〇、Brauner, 一九七六）。さらにロードカット遺跡の同一期の文化層からも同じものが見つかっている。四五ＣＬ五四遺跡の人たちは、狩猟活動が主体だったが、石皿や磨り石などの植物性の食べ物を調理する道具や石製タバコ用パイプ、彫刻のある石製品といったものを所有し、単なる一時的な野営地のほかに複合的文化要素をもっているのではなかろうか。

周辺の遺跡は深い森林に埋没し、炭素年代を測定する資料もなく、遺物は表面採集によるものが多いため、近辺の年代が確実な遺跡の出土品と比較するほかない。森林地帯にある遺跡は紀元前九〇〇〇年ころの洪水に見舞われることもなかったので、この地域に暮らした人たちの往時の痕跡をとどめていよう。

●遺物の種類

コロンビア川下流域に多く分布する石器は片面加工の剥片石器と投槍用の尖頭石器と石鏃である。これにつぐものは石斧、石錘、両面加工の木葉形石器で、いずれも遺跡の年代の手がかりとなる。

たとえば、氾濫原にある遺跡を発掘すると、片面加工の剥片石器は紀元前一〇〇年ころ以降からはほとんど出土せず、紀元後二〇〇年くらいの遺跡ではまったく伴わないので古い時期のものといえよう。

投槍用の尖頭石器、大型の柳葉形や有茎のものが初期に出現し、紀元前八〇〇〇年ころが上限で、下限は紀元前五〇〇〇年くらいである。

石斧はポートランド盆地を中心に分布し、西はアストリア、東はスネーク川河口、南はユージーン地域からも確認されている。唯一墓跡から確認された石斧が、ウィラメット川の南にあるフラナガン遺跡の紀元前一三五〇年ころの地層より見つかっている（Toepel and Minor, 一九八〇）。

石錘は紀元前八五〇〇年から六〇〇〇年くらいの時期に使われたことがわかっている。

両面加工の木葉形石器は紀元前六〇〇〇年から二六〇〇年前後で、これに似たものが周辺遺跡からも出土し、おそらく紀元前八〇〇〇年から一〇〇〇年ころに用いられたと考えられている。

これらの遺物の用途はつかめていないが、ある程度のことは推測できる。大量に出土する剥片石器は、深い森林が広がる地域では木材の加工に、石鏃は狩猟に、石錘は漁撈に使われたといってよい。

そして、石斧、石錘、両面加工の柳葉形石器などの一部は副葬品に利用された可能性も考えられる。というのは、その出土状況からすると、見晴らしのよい台地で、歴史時代の先住民がおこなっていた樹上葬の副葬品を想起させる。注目すべきは石斧や石錘といったものが、すべて半分に割られており、死者の所有物を儀礼的に人物とともに故意に抹消《まっしょう》したのではなかろうか。

周辺遺跡の代表例のホーム・バレー・パーク遺跡（四五SA―七）は、コロンビア川の旧氾濫原から約一六m上にある、ボンビル湖の北岸に接するコロンビア峡谷に位置する。岩陰から数種の石器に伴なって片面加工の小型剥片石器が大量に出土し、さらに柳葉形の尖頭石器、加熱痕のある石も多く見つかった。

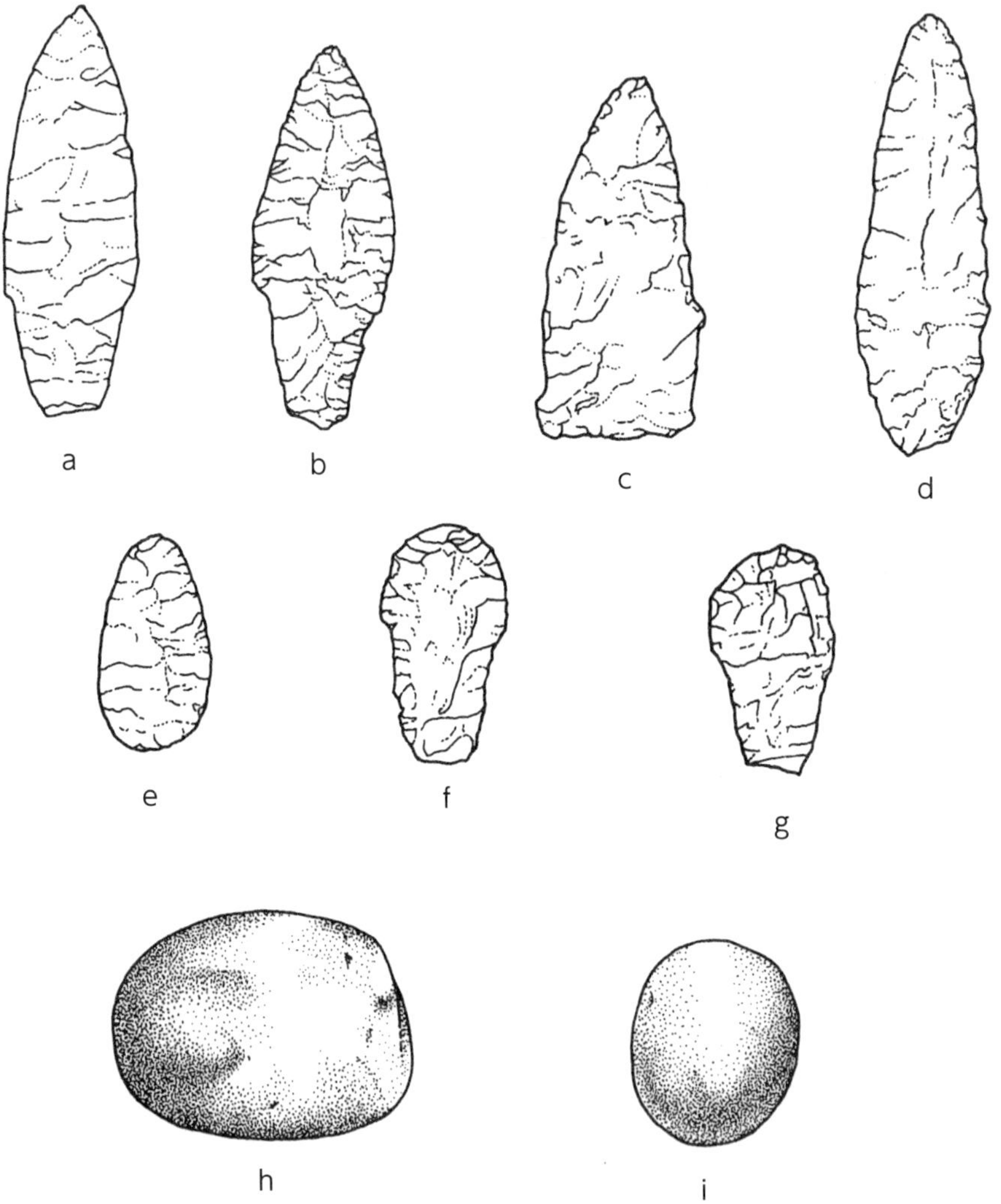

図5　コロンビア川河口のヤングス・リバー複合文化遺跡の出土遺物

a—b 有茎尖頭石器、c 無茎尖頭石器、d—e 木葉形尖頭石器、f—g 有茎掻器、h—i 石錘。
※a の長さ6.5cm、他も同縮尺。

これらから、この遺跡は少人数の集団が一時的なキャンプ地として季節ごとに利用したと思われる（Dunnell and Lewarch, 一九七四）。

コロンビア川河口では、確実な年代のつかめない初期の遺跡が確認されている。調査者のマイナーは、この遺跡群をヤングス・リバー複合文化期に位置づけた。ヤングス川とルイス川とクラーク川に面した台地にある遺跡群からは投槍用の有茎尖頭石器、柳葉形尖頭石器、石錘などが出土している（Minor, 一九八四）（図5）。

コロンビア川の氾濫原の最古の遺跡よりも前の時代と思われる石器が、カドウ・コレクションのなかにある。これはバンクーバー湖の湖底から採取されたもので、投槍用の柳葉形と有茎尖頭石器、磨製石器、片面加工の剥片石器などである（Wessen and Daugherty, 一九八三）。

コロンビア川下流域に古くから人々が住んでいたことは、マイナーの調査によってあきらかである（表1）。彼らは食料を得るのに狩猟だけではなく、漁撈にも頼っていたことが、エディ・ポイント遺跡の遺物が物語っている。サケを主体に捕獲しており、遺物では逆刺付き銛、組合せ式離頭銛、骨角器が多く検出された。

メリーベル文化期の人々は長方形の住居に暮らしていた。河岸ではシール・アイランド文化期に大型住居跡の存在が確認されている (Jermann, Lewarch and Campbell, 一九七五、Pettigrew, 一九八一)。

コロンビア川下流域では紀元前三五〇〇年ころのシール・アイランド文化期、ポートランド盆地では紀元前六〇〇〇年前後のメリーベル文化期の居住者らは、河辺での生活に強い志向があったといえよう。

❷ 文化の形態

周辺遺跡から多くの石器が出土しており、木の伐採用の石斧、加工用具として使われた剥片石器が目立ち、その上限もかなり古くなる。

小型の磨製石斧はメリーベル文化期に出現しているので、木工具はそれ以前から使われていたのではなかろうか。おそらく、更新世が終わってまもないころにコロンビア川下流域では、樹木の伐採をしたことが出土石器から考えられる。

そのころ、コースト山脈とカスケード山脈の針葉樹林は現在の植生に進化しており、紀元前七〇〇〇前後のコロンビア川下流域は、北部地域よりもかなり早い時期にイエローシダーの大樹林帯で覆われていた（Hebda and Mathewes, 一九八四）。

サケがコロンビア川を遡上《そじょう》しはじめると、これを流域の居住者らは食料源とした。紀元後のマルトノーマ文化一期の遺跡からは、たくさんの有溝石錘が出土する。錘はサケを獲るための網に用いたものである。しかし、前文化のメリーベル文化の遺跡からは石錘が見つかる例は少ない。もしかすると、彼らはサケを引網で捕獲したのではなかろうか。

ダルズ市域の初期の遺跡からは多数のサケの骨が出土している。その代表例はロードカット遺跡で、ここからは無数のサケの背骨が検出された。ポートランド盆地やコロンビア川河口の周辺遺跡から見つかる石錘は魚網に用いたのであろう。

サケは洪積世になると、コロンビア川をさかのぼってきた。河岸に暮らす住民は、サケを川の浅瀬や急勾配の所で捕獲したと思われる。

コロンビア川下流域に居住した人たちは、メリーベル文化からマルトノーマ文化へと移行するにつれ、生活相にも変化が起きたことが石器類からも推測できる。ただ判然としないのが、いわゆる伝統美術の発展経過である。

早くから森林とのかかわりをもち、木工具が使われたこの地域にあって、人々の木工技術は高かったにちがいない。残念ながらそれを証すものが未確認である。おそらく、紀元後のマルトノーマ文化一期になると木彫などに彼らの感性が投影されたと思われる。

というのは、紀元後二〇〇年ころ以降に発展したマルトノーマ文化一期に、石彫、石や骨や粘土製の小さな像が登場するが、それ以前の文化期には見当たらない（Peterson, 一九七八）。

なお、一八世紀にヨーロッパ人が眼にした先住民の伝統工芸の技には、マルトノーマ文化一期のものは到底及ばない。

紀元前五〇〇年から一〇〇〇年ころの時期にコロンビア川河口とポートランド盆地で大きな変化が起こった。それは弓矢の出現である。

やがて投槍器へと変わるが、小型の石鏃は両地域で数百年にわたり使われた。

マルトノーマ文化一期とイルワコ文化一期には大型の尖頭石器や投槍器用の錘、そしてクジラの骨製の投槍器が二つの遺跡から出土している（Phebus and Drucker, 一九七五）。二遺跡とも太平洋岸に面し、イルワコ文化一期に属する。

弓矢に後続して使われた投槍器は、紀元後七〇〇年ころにはコロンビア川下流域から消えてしまう。

●カスケード山脈の地変

紀元後一二五〇年ころ、現在のボンビル・ダム近くのコロンビア川に面する山腹が崩れ落ちた（Lawrence and Lawrence, 一九五八）。

この地滑り大災害は、川の水を貯めたダムが一瞬にして土砂に埋もれ、決壊し、下流一帯を濁流《だくりゅう》で押し潰《つぶ》してしまった。洪水は氾濫原《はんらんげん》の地形を変え、ポートランド盆地やコロンビア川下流域にあった集落をほとんど破壊したという。

コロンビア峡谷のボンビル・ダムからカスケード川にかけた周辺一帯では、災害以前の先住民の遺跡が洪水ですべて流出した。

この地滑りは、現在のコロンビア川の支流であるカスケード川をつくった。

新しい川にはいくつかの急流があり、カヌーで航行するには危険だったが、河岸の先住民が魚を獲るには、よき漁場を提供した。

ポートランド盆地では、この大災害の直前と直後の遺跡が確認されていない（Pettingrew，一九八一）。たぶん、紀元後一二五〇年より前の人たちが生活した痕跡は、洪水で流されたであろうし、新たにできた氾濫原を避けて、人々は別の場所に集落を構えたのであろう。

マイナーの調査によると、洪水で放棄《ほうき》されたと思われるスカモカワ遺跡を除いて、災害はコロンビア川河口域に被害をあたえなかったという（Minor，一九八〇）。

しかし、彼がコロンビア川沿いで発掘した遺跡の出土遺物を分析してみると、疑問点がいくつかあった。

コロンビア川域の遺跡で、出土遺物がイルワコ文化一期と二期に相当するものは、アイビィ・ステーション遺跡が唯一である。この遺跡は、放射性炭素一四による年代測定では紀元後五八〇年前後である。これを基準にすればイルワコ文化一期の一部が属する。しかし、出土遺物はイルワコ文化二期とヒストリック文化期の組成物である。

もちろん、イルワコ文化一期やそれ以前の文化期の遺物である有茎尖頭石器や銛頭、有溝石錘、投槍器の錘などは出土していない。

これらから考えると、アイビィ・ステーション遺跡はイルワコ文化二期からヒストリック文化期の所産で、コロンビア川河口域もカスケード山脈の地滑りで発生した洪水の被害を受けたといえよう。

大災害で無人と化したコロンビア川下流域は、のちに周辺からさまざまな集団が生活の舞台にと、ここへやって来た。カスケード山脈の地滑りでできた瓦礫《がれき》の地にである。それを立証するのがケープルズ遺跡で、一五世紀ないし一六世紀中ころと思われる円形にとりまく柱穴跡が四一例確認された。

こうした遺構は、コロンビア川下流域では見つかっておらず、おそらく草原地帯にいた種族が移動し、短期間暮らした跡と思える（Dunnell and Beck, 一九七九）。

コロンビア川下流域は、惨事《さんじ》のあと何世紀もの歳月が経つと、人口が元に戻ったとみえ、住居跡が多く検出された。人々の経済基盤は、大災害以前とさほど変わっていないようである。

ただし、遺跡からの出土遺物には、いくつかの変化があった。たとえば、ポートランド盆地では魚網用の小型の有孔石錘から大型の有孔石錘へと変わっている（Pettigrew, 一九八一）。この石錘はチョウザメ漁の太い網に用いたらしい（Dunnell and Campbell, 一九七七）。

三　ウィラメット峡谷

この地域は、カスケード山麓とウィラメット川流域の沖積低地がふくまれる（図3）。

ウィラメット峡谷の文化域は、ウィラメット川の中流域と上流域、カスケード山麓との三つに分けられる（表2）。

また時代は、アルカイック期が前期（紀元前六〇〇〇年から四〇〇〇年ころ）、中期（紀元前四〇〇〇年から紀元後二〇〇年くらい）、後期（紀元後二〇〇年から一七五〇年ころ）に三区分される。

前期アルカイックは、カスケード山麓では投槍用の柳葉形尖頭石器を特徴とするカスカディア文化期（紀元前六〇〇〇年から四〇〇〇年ころ）に相当する。しかし、ウィラメット川流域では、この種の石器が未出土のため、同時期の文化期は不明である。

中期アルカイックは、太い有茎の石鏃が代表例で、植物性の食料を加工処理したと考えられる石皿や磨り石などが大量に見つかっている。

後期アルカイックは、細い有茎の石鏃が登場してくる。

文化期	遺　跡	文　献
●メリーベル	メリーベル（35MU9）	Pettigrew 1981
	レディ・アイランド（45CL48）	Woodward 1977
	カースティング（45CL21）	Jermann, Lewarch, and Campbell 1975
	シュルツ・マーシュ（45CL29）	Chatters 1974
	バチェラー・マーシュ（45CL43）	Pettigrew 1981; Steele 1980
●シール・アイランド	エディ・ポイントⅠ（35CLT33）	Minor 1983
	バークハルター（45WK51）	Minor 1983
	スカモカワ（45WK5）	Minor 1978, 1980, 1983
	パームローズ（35CLT47）	Phebus and Drucker 1975
●マルトノーマ1	チョリック（35MU1）	Pettigrew 1981
	35CO3	Pettigrew 1981
	マラーキー（35CO4）	Pettigrew 1981
	トロージャン（35CO1）	Warner and Warner 1975
	サンディ	Woodward 1974
●イルワコ1	アイビィ・ステーションⅠ（35CLT34）	Minor 1983
	フィッシング・ロックスⅠ（45PC35）	Minor 1983
	エディ・ポイントⅡ（35CLT33）	Minor 1983
	スカモカワ（45WK5）	Minor 1978, 1980, 1983
	アベニューQ（35CLT13）	Phebus and Drucker 1975
	パー・ティー（35CLT20）	Phebus and Drucker 1975
●マルトノーマ2	メイアー（35CO5）	Pettigrew 1981
	リヨン（35MU6）	Pettigrew 1981
	パンプ・ハウス（35CO7）	Pettigrew 1981
	45CL31	Wessen and Daugherty1983
	ブルー・レーク（35MU24）	Archibald 1984
	ダック・レーク（45CL6a）	Slocum and Matsen 1968
	サンディ	Woodward 1974
	フェルディマー	Woodward 1974
	45SA11	Skinner 1981
	ケープルズ（45SA5）	Dunnel and Beck 1979
	45SA12	Dunnel and Campbell 1977
	45SA19	Dunnel and Campbell 1977
●イルワコ2	フィッシング・ロックスⅡ（45PC35）	Minor 1983
	アイビィ・ステーションⅡ（35CLT34）	Minor 1983
●マルトノーマ3	メイアー（35CO5）	Pettigrew 1981
	リヨン（35MU6）	Pettigrew 1981
	パンプ・ハウス（35CO7）	Pettigrew 1981
	ハーゾグ（45CL4）	Slocum and Matsen 1968, R. Jones 1972 Foreman and Foreman 1977
	デッカー（35CO2）	R. Jones 1972
	パウェル	R. Jones 1972
	モスタル・ビレッジ	Woodward 1974
	45SA11	Skinner 1981

表2　コロンビア川下流で確認された紀元前1000年以降の遺跡

遺　跡	年代：時期	文　献
ハルバーソン（35LA261）	A.D.1790	Minor and Toepel 1982; Minor and Pickett 1982; Toepel and Sappington 1982
35LA568（カーク・パーク2）	A.D.1555/1800	Cheatham 1984
リンチ（35LIN36）	A.D.670/1150/1950	Sanford 1975
ハルゼー・マウンド	後期アルカイック/ヒストリック	Laughlin 1941
ファニング・マウンド	後期アルカイック/ヒストリック	Murdy and Wentz 1975
フラー・マウンド	後期アルカイック/ヒストリック	Woodward, Murdy, and Young 1975
ハード（35LA）	B.C.850/830/A.D.830/900/900/970/1010/1100/1280/1440/1490/1620/1800/1850/1950	White 1975
デビッドソン（35LIN34）	中・後期アルカイック/ヒストリック	Davis, Aikens, and Henrickson 1973
35LA565（カーク・パーク1）	A.D.430/780/1410	Cheatham 1984
35LA118	A.D.970	White 1975a
パーキンズ・ペニンスラ（35LA282）	A.D.730/865	Cheatham 1984; L. R. Collins 1951
シモンズ（35LA116）	後期アルカイック	Pettigrew 1975
スパーランド・マウンド	後期アルカイック（？）	Laughlin 1941; L. R. Collins 1951
ビーブ（35LA216）	後期アルカイック	Follansbee 1975
シムロック（35LIN21）	後期アルカイック	W. A. Davis 1970
クロップ（35LIN22）	後期アルカイック	W. A. Davis 1970
ミラー・ファームⅠ（35LIN23）	後期アルカイック（？）	Oman and Reagan 1971
ミラー・ファームⅡ（35LIN24）	後期アルカイック	Oman and Reagan 1971
バーンズ（35LIN25）	後期アルカイック	Oman and Reagan 1971
35LA70	後期アルカイック	White 1975a
35LA92	後期アルカイック	White 1975a
バージン・ランチ・マウンド	後期アルカイック	White 1975a; L. R. Collins 1951
スミスフィールド・マウンド	後期アルカイック	White 1975a; L. R. Collins 1951
35MA9（ハガーズ・グローブ）	B.C.1790/A.D.730/810/1550	Pettigrew 1980
35MA7（ハガーズ・グローブ）	B.C.1850/920/900/730/A.D.760	Pettigrew 1980
35LA567（カーク・パーク3）	B.C.960/810/A.D.770	Cheatham 1984
35LA566（カーク・パーク4）	B.C.1360/530/A.D.110	Cheatham 1984
35LA41（ベンジャミン）	B.C.370/A.D.310	F. E. Miller 1975
35LA42（ベンジャミン）	中・後期アルカイック	F. E. Miller 1975
フラナガン（35LA218）	B.C.3800/3620/1350/1280/A.D.110/150/170/190/230/270/990/1110/1490	Toepel and Minor 1980; Beckham, Minor, and Toepel 1981
スコギンズ・クリーク（35WN4）	中・後期アルカイック（？）	W. A. Davis 1970a
リンゴ（35LA29）	B.C.2180/95	Cordell 1975; White 1975a
ロング・トム（35LA439）	B.C.2160/1930	O'Neill 1987
ブラッドレー・モーン（35LA624）	B.C.2340	R. D. Cheatham, personal communication 1984
ラッキアミュート・ハース	B.C.3300	Reckendorf and Parsons 1966
ラルストン（35LA625）	B.C.4575	R. D. Cheatham, personal communication 1984
ハナバン・クリーク（35LA647）	B.C.5800/4880	Cheatham 1984; R. D. Cheatham, personal communication 1984
レバノン	パレオ先住民（？）	Cressman and Laughlin 1941
テンプルトン	パレオ先住民（？）	Cressman 1941

表3　ウィラメット川流域の主要遺跡

フラー文化期は骨角製品が多用され、ことに漁具が発達し、墓に海生の貝殻を副葬する傾向が強い。

ここにウィラメット川流域の遺跡リスト（表3）、カスケード山麓の遺跡一覧（表4）、ウィラメット峡谷の代表的遺物（図6）を、それぞれ示したので参考にしてほしい。

●遺跡と遺物

ウィラメット川流域は、コロンビア川下流域よりも初期遺跡の存在がきわめて少ない。そのなかにあって、紀元前八〇〇〇年ころの二つの遺跡から絶滅したと思われていたマンモスの遺存体が確

遺　跡	年代：時期	文　献
リグドンズ・ホース・パスチュア洞穴（35LA39）	紀元前500年から紀元後1800年	Baxter et al. 1983
ベビー岩陰（35LA53）	前・中・後期アルカイック/ヒストリック	Olsen 1975
35LA574	後期アルカイック	Baxter 1983
35LA573	後期アルカイック（？）	Baxter 1983
インディアン・リッジ	中・後期アルカイック（？）	Henn 1975
35LA33（フォール・クリーク）	中・後期アルカイック（？）	D. L. Cole 1968
バック・クリーク（35LA297）	中・後期アルカイック	Baxter 1984
35LA529	中・後期アルカイック	Baxter 1983
35LA528	中・後期アルカイック	Baxter 1983
ティドビッツ（35LIN100）	中期アルカイック	Minor and Toepel 1982a
35LA599	中期アルカイック	Baxter 1983
サーディン・コンフルエンス（35LA539）	中期アルカイック	Connolly and Baxter 1983
カスカディア洞穴（35LIN11）	前・中・後期（？）アルカイック	Newman 1966

表4　カスケード山麓の主要遺跡

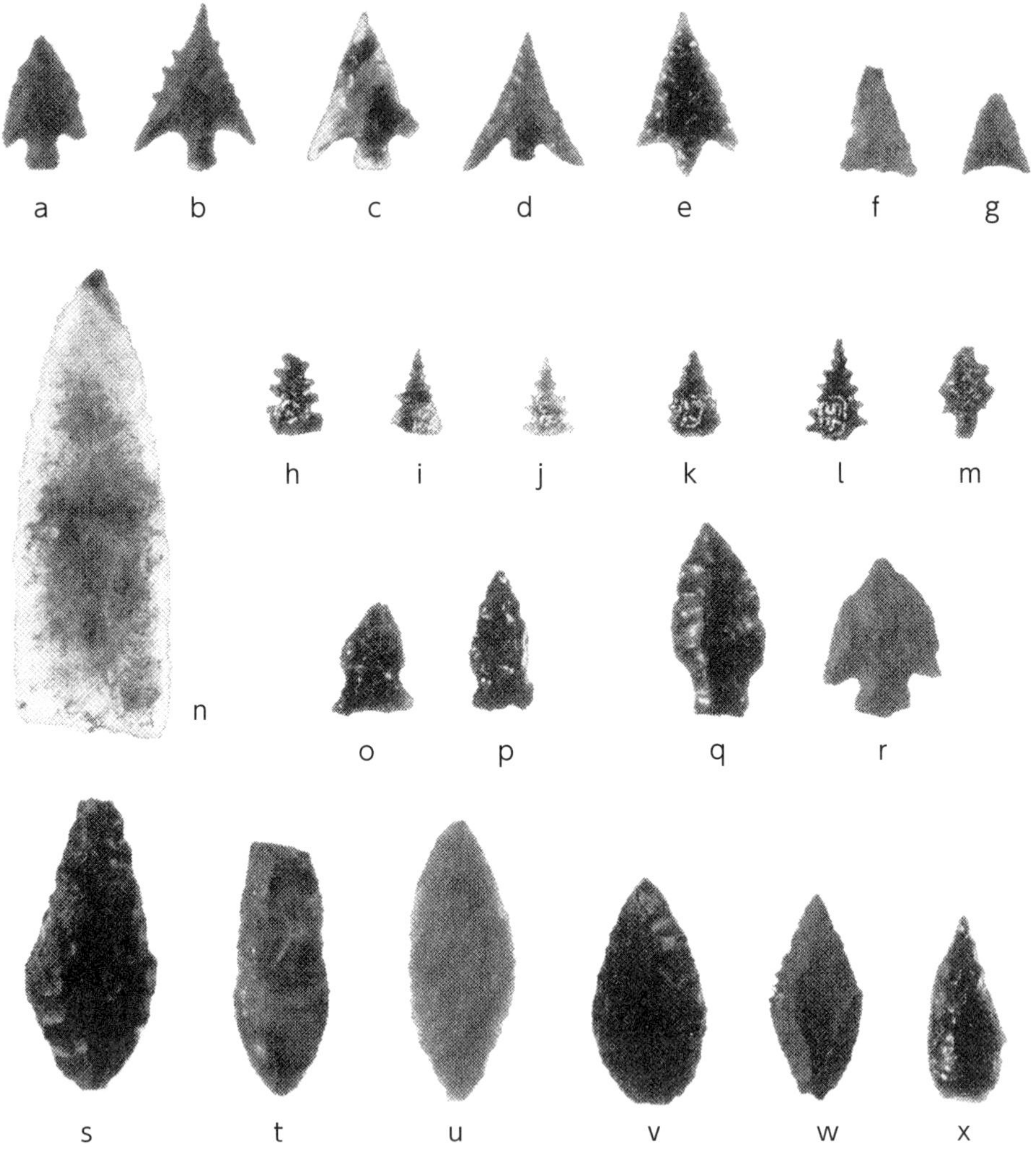

図6　ウィラメット盆地で出土した石鏃・尖頭器

a—e 細形の側辺刻み目入り有茎石鏃（後期アルカイック）、f—g 無茎石鏃（後期アルカイック）、h—m クリスマスツリー形石鏃（中・後期アルカイック）、n 大型石槍（おそらく前期か中期アルカイック）、o—p 小型側辺刻み目入り有茎石鏃（後期アルカイック）、q—r 大型有茎石鏃（中期アルカイック）、s—x 木葉形尖頭石器（前・中期アルカイック）※n の長さ7.2㎝、他も同縮尺。

認されている。そのひとつのレバノン遺跡からは、マンモスの骨とかかわりのある石器が検出されているが、これに反対する説もある。

ウィラメット川流域とコロンビア川下流域で最古の遺跡は、サウス・サンティアム川沿いのカスケード山麓にあるカスカディア洞穴である（Newman, 一九六六）。

この洞穴の最下層から見つかった炉跡の炭化物を放射性炭素一四の年代測定によると、紀元前五九六〇年前後であった。

出土遺物は哺乳動物や鳥の遺存体が多く、さらにハシバミの実も採集され、加工して食されていたとみてよい。

狩猟具では石鏃、両面加工の大型卵形石器、粉砕具《ふんさいぐ》では石皿と磨り石、磨製石器などが伴出している。

カスカディア洞穴は、ウィラメット川とオレゴン州中部（サンティアム水路経由）を結ぶルートに位置することから、往来する人たちの中継地の役割を果たしたのではなかろうか。

洞穴の下層からは投槍用の柳葉形尖頭石器のみしか出ていないが、上層からは大型の刻み目入りの石鏃などが確認されている。洞穴は、ヨーロッパ系の人たちがこの地に来る時代まで先住民に利用されていたらしい。残念ながら盗掘され、多くの遺物がもちさられているので、最後に人々が暮らした年代はつかめていない。

カスケード山麓で注目されるものは、紀元前五〇〇〇年以前とされるオークリッジ市の東にあるベビー岩陰遺跡である（Olsen, 一九七五）。放射性炭素一四による年代値は出ていないが、四つの文化層が認められ、最下層が紀元前四二〇〇年ころに噴火したマザマ山（山頂にクレーター湖）の火山灰層の下にある。

発掘が部分的なため、文化層の確認と火山灰層の下からわずかなサンプルが得られたこと、火山灰層の上から柳葉形尖頭石器、大型や小型の石鏃などが出土し、おそらく紀元前五〇〇〇年ころから一八世紀くらいまで、断続的に人々が利用したと思われる。

いわゆる歴史時代まで生活した証拠として、岩陰の壁面に馬と騎手を表現した線刻画がある。これより以前の遺物には、片面や両面加工の石器、石皿、磨り石、マクラガイ製のビーズ、シカなどの動物遺存体などが発掘で出土した。ベビー岩陰遺跡は、立地や出土遺物からみて、狩猟や食用植物の採集用のキャンプ地に使われたらしい。

カスケード山麓には初期のころの遺跡がいくつか確認されているが、なかでもウィラメット川流域が、コロンビア川下流域よりも古くから人々が住んでいたといえよう。

ウィラメット川の沖積低地で最古の遺跡は、ユージーン市の西方にあるハナバン・クリーク遺跡で、炉跡から出土した炭化物のヒナユリの球根を放射性炭素一四年代で測定したところ、紀元前五八〇〇年と四八八〇年前後とわかった。

つぎに古いものは、ユージーン市の南西を流れるウィラメット川の支流スペンサー川岸に位置するラルストン遺跡で、これまた放射性炭素一四の年代測定により川原石で囲った炉跡の炭化物から紀元前四五七五年ころとわかった。残念ながら食料の遺存体は検出されなかった。

これにつぐのはフラナガン遺跡で、放射性炭素一四の測定によると最下層の年代が紀元前三八〇〇年と三六二〇年前後というデータが得られ、この層からは剥片石器が少量出ている。わずかな遺物と遺跡の立地からして、ここが特定の狩猟用キャンプ地に使われたらしい（Toepel and Minor, 一九八〇）。

フラナガン遺跡に後続するのは、ウィラメット川の低地にあるラッキアミュート・ハース遺跡ではなかろうか。幅八〇㎝、深さ四一㎝の炉跡から炭化した五つのドングリが検出された。ドングリを放射性炭素一四による年代測定では紀元前三三〇〇年前後とわかった。これにより、このころドングリが人々の食生活の基盤の一部だったといえよう（Reckedorf and Parsons, 一九六六）。

砂礫で埋没したロング・トム遺跡の炉跡の炭素一四による年代測定では、紀元前二一六〇年と一九三〇年ころである。ここでの出土品は、わずかな剥片石器、炭化したドングリ一例、種類不明の果実二例、その他である。この遺跡の住人が植物性の食べ物を採集し、加工していたことは推定できよう。

セーラム市のハガーズ・グローブ遺跡群の二遺跡の発掘資料による放射性炭素一四の年代は、紀元前一八五〇年と一七九〇年ころまでさかのぼる。そして紀元前九〇〇年前後になると、炉跡からヒナユリの炭化したものが確認され、これ以前は認められなかった球根類の出土は反響をよんだ。

紀元前一八〇〇年ころ、ウィラメット川流域の北部では投槍用の尖頭石器といえば柳葉形である。やがて紀元前九〇〇年くらいになると、有茎の大型の石鏃が主流となり、木葉形の尖頭石器はしだいに使われなくなった。

フラナガン遺跡の地床炉《ちしょうろ》跡に残っていたヒナユリの球根は、紀元前一二八〇年前後とわかった。同じくヒナユリの炭化球根が出土したハナバン・クリーク遺跡の年代は、紀元前五八〇〇年と四八八〇年ころと、さらに古い。これはウィラメット川流域でヒナユリが食されていた最古例である。年代は両遺跡とも放射性炭素一四の測定結果である。

フラナガン遺跡は、およそ三〇〇〇年前にできた沖積低地に存在する。いっぽう、広大な低地に営まれたのがハード遺跡で、ウィラメット渓谷にあって唯一の円形住居跡が確認された。

ウィラメット川流域北部の沖積低地にハガーズ・グローブ遺跡群がある。これまで、この地域のみ発掘がおこなわれた（Pettigrew, 一九八〇）。

なお、ウィラメット川流域のほかの遺跡についてはホワイトらが紹介している（White, 一九七五、Minor, 一九八〇）。

●文化の形態

ウィラメット川流域では紀元前一二八〇年ころ、人々がヒナユリの球根を食料の一部としていたらしいことは発掘資料からわかり、地域の後世の先住民カラプヤ族の食生活でも大切な食べ物だった。

しかし、ヒナユリの球根の採集や加工は、カラプヤ族が食するよりも約四〇〇〇年前におこなわれていたとみてよい。

ウィラメット川の南岸流域では、紀元前一〇〇〇年ころ以降の遺跡が沖積低地に点在し、人々があちらこちらで居住したことがわかる。発掘データからすると、小さな家族集団が特定のシーズンに、ある場所で得られる食べ物を求めて、その時季に一か所ないしそれ以上のベースキャンプ地を移動していたといえよう。

ベースキャンプ地跡の発掘から、当時の経済活動を示すもの、たとえばヒナユリの球根を調理する地床炉跡、調理加工具の石皿と磨り石、鳥や哺乳動物を射《い》る打製石鏃、投槍用尖頭石器、動物遺存体などが確認されている。

こうした遺跡は沖積低地にあるため、堆積土が浅く、彼らはたえず利用しているが、その文化層は薄いために生活面を見出すことはむずかしい。遺構といえば各所に掘られた穴で、その用途はつかめていない。沖積低地には、およそ二〇〇〇年にわたってたくさんの小集団が暮らしており、その行動はさほど変化がなかったらしい。

ウィラメット川流域には多くの遺跡が分布し、盛んに発掘がおこなわれているにもかかわらず、過去三〇〇〇年余の歴史像は鮮明とはなっていない。

つぎに各遺物についてふれておこう。

投槍用尖頭石器は、コロンビア川下流域よりも遅れてつくられ、その後、ウィラメット川流域で基本様式は整うがいくつかのちがいはある。

紀元前九〇〇年前後に柳葉形尖頭石器が出現する。そして有茎が太く、刻み目入りの尖頭石器が主体を占めてくる。

紀元前五〇〇年から一〇〇年くらいのあいだに弓矢が登場したことは、従来の尖頭石器が姿を消し、小型の有茎石鏃が目立って多くなることからわかる。

なお、紀元前五〇〇年ころにウィラメット川流域の南側の地域のみに分布するクリスマスツリー様式とよんでいる三角形をした小型の無茎鋸歯《きょし》状の石鏃が出現し、一〇〇〇年余の長きにわたり使われた。

紀元後一二五〇年前後のある時期に、小型の側辺に刻み目をもつ石鏃があらわれ、一九世紀ころまで多く製作された。

ウィラメット川流域は三〇〇〇年余にわたり、生活基盤に安定がみられたが、これ以降はいくつかの種族が富を強く望むようになった。これはコロンビア川下流域やクラマス川下流域の住民らの物質文化に接触した影響によるものではなかろうか。

ヤムヒル川流域のファニング墳丘墓（Murdy and Wentz, 一九七五）とフラー墳丘墓（Woodward, Murdy and Young, 一九七五）からは、黒曜石製の儀式用ナイフ、クジラの骨でつくった棍棒《こんぼう》、耳栓《じせん》、マクラガイ製のビーズ、真鍮《しんちゅう》や銅やガラス製の装身具といったものが副葬品として見つかった。

ウィラメット川流域には、こうした富の象徴といわれる品々を得ようとする人たちは少なかったようであるが、南岸地域から唯一似たものが出土している。それはカラプーイア川沿いのシェド墳丘墓跡からで、銅製のビーズやツノガイが見つかった（White, 一九七五）。

ウィラメット川流域でヨーロッパ系の商人と交易をしていたのは北側の住民たちである。南側に住んだ人々は外国人との接触はほとんどなかった。ウィラメット川を境に北側と南側の文化的な差異は、約二〇〇〇年の時間差があるとの見方もある（Beckham, Minor and Toepel, 一九八一）。

四　カスケード山麓

カスケード山脈の西側、太平洋側の山麓には、紀元前八〇〇〇年くらいから人間が生活していた。彼らは狩猟を主体とした暮らしで、その痕跡が点在している（表４）。

それぞれの遺跡の立地をみると、広々とした裾野の台地に位置するものが多く、出土する遺物は狩猟具である尖頭石器、石鏃などが一般的である。

現段階では、河川の下流域にある人々の野営地跡および集落跡と思われる遺跡の調査は、ほとんど着手されていない。そのため、表面採集で得た石器類をみるかぎり、ウィラメット川流域の沖積低地のものとは異なる。

こうした現象について、カスケード山麓一帯には、この地域独自の文化がはぐくまれていたという見解がある（Grayson，一九七五、Baxter，一九八三）。

カスケード山麓における文化変容は、石器の型式のみが変わったにすぎない。その一例を示せば、投槍用尖頭石器のタイプは隣接地域とほぼ同じように変化している。

初期の柳葉形や大型の側辺に刻み目の入った尖頭石器は、紀元前六〇〇〇年ころからそれ以降の時代のカスカディア洞穴で見つかっている（Newman, 一九六六）。

紀元前五〇〇〇年前後に盛んにつくられた大型有茎や側辺に刻み目をほどこした石鏃は、リグドンズ・ホース・パスチュア洞穴から出土している（Baxter, 一九八三）。

カスケード山麓には、約二〇〇〇年前に弓矢が導入された。それと同じころに側辺に刻み目をもつ石鏃が減少し、細型の有茎石鏃が取って替わり、多く登場する。

一九世紀に多用された狩猟具のタイプは、小型の側辺に刻み目をもつ石鏃である。これがリグドンズ・ホース・パスチュア洞穴の上層からは大量に伴ったことで注目された。

五　おわりに

長い海岸がつづくワシントン州は、海・川・湖・平原・山脈と自然環境が多様である。そこに生きる動植物もさまざまな種類で、地域によっては棲息密度が異なる。こうした自然の恩恵が、ここに住んだ人たちの生活に微妙に影響を及ぼしたことが、考古資料からも実証できた。

たとえば、コロンビア川下流域とウィラメット川流域は異なる文化適合と発展経緯をたどった。両地域の文化は、たぶん共通の文化から派生し、それぞれの経済基盤をきっかけとして分かれたのではなかろうか。

自然の恵みをいかに効率的に活用するか、その資源が豊かであるかそうでないかにより、人々のライフスタイルはちがってくる。

コロンビア川下流域は、いくつもの支流や長い流れをもつ本流が、無限のプランクトンを河口へ運んでくる。そのおかげで、魚介類にとっては格好の棲み家となる。ことに四種類のサケが大量に遡上したことは、住民を長期にわたり集住させる要因となった。そのため、河岸に暮らす彼らは、漁撈が経済基盤の核となり、安定した日々を過ごせたのではなかろうか。

いっぽうのウィラメット峡谷は、食料をサケに大きく依存することは無理だった。しかし、人々が生活を営む周辺には食料源が豊富にあったとはいえ、それらがより散在していたため、身近に主要となるものがなかった。そこで、彼らは各地に点在する食べ物を求めて移動したらしく、野営地跡や小さな集落跡があちらこちらに存在するのは、その証でなかろうか。

その反面、人々を多様な経済活動を促進させたともいえよう。

二つの地域に文化的・経済的に差異があらわれるのは、いつの時期かはっきりとしない。年代の確実な遺跡からすれば、ウィラメット川流域で紀元前五八〇〇年ころ、コロンビア川下流域で紀元前一五六〇年前後である。このころから、両地域は別々の生活形態を歩んだといえよう。共通することは太平洋の北西海岸域の先史文化は漁撈活動を基盤に発展したものである。

今回、ブリティッシュ・コロンビア大学のリチャード・ピアソン名誉教授の助言で、リチャード・ペティグリュー氏の論文（一九九〇）などを知った。本文のベースとなるのは、ペティグリュー氏の論考や、列記した参考文献で、表・図は同氏の文献による。

最後にお二人の先生のサポートに心から感謝をのべるしだいである。

参考・引用文献

Baxter, Paul W.

1983 The Colt Timber Sale Project: An Archaeological Investigation of Six Sites in the Upper Middle Fork of the Willamette River Valley; a Report to the Rigdon District of the Willamette National Forest. Eugene: University of Oregon, Department of Anthropology.

Beckham, Stephen D., Rick Minor, and Kathryn A. Toepel

1981 Prehistory and History of BLM Lands in West-central Oregon: A Cultural Resources Overview. *University of Oregon Anthropological Papers* 25. Eugene.

Brauner, David R.

1976 Alpowai: The Culture History of the Alpowa Locality. Washington State University, Pullman.

Cressman, Luther S., David L. Cole, Wilbur A. Davis, Thomas M. Newman, and Daniel J. Scheans

1960 Cultural Sequences at The Dalles, Oregon: A Contribution to Pacific Northwest Prehistory. *Transaction of the American Philosophical Society* 50 (10). Philadelphia.

Dunnell, Robert C., and Charlotte Beck

1979 The Caples Site, 45-SA-5, Skamania County, Washington. *University of Washington. Department of Anthoropology. Reports in Archaeology* 6. Seattle.

Dunnell, Robert C., and Sarah K. Campbell

1977 Aboriginal Occupation of Hamilton Island, Washington *University of Washington. Department of Anthoropology. Reports in Archaeology* 4. Seattle.

Dunnell, Robert C., and John W. Fuller

1975 An Archaeological Survey of Everett Harbor and the Lower Snohomish Esturary-delta. Seattle: National Park Service.

Dunnell, Robert C., and Dennis E. Lewarch

1974 Archaeological Remains in Home Valley Park, Skamania County, Washington. Seattle: University of Washington, Department of Anthoropology.

Fladmark, Knut R.

1975 A Paleoecological Model for Northwest Coast Prehistory. *Canada. National Museum of Man. Mercury Series. Archaeological Survey Papers* 43. Ottawa.

Grayson, Donald K.

1975 Recent Archaeological Surveys in the Western Cascades: Prehistory and Conservation Archaeology. Pp. 495-503 in Archaeological Studies in the Willamette Valley. Oregon. C.

Melvin Aikens, ed. *University of Oregon Anthropological Papers* 8. Eugene.

Hebda and Mathewes

1984　Holocene History of Cedar and Native Indian Cultures of the North American Pacific Coast. Science 225 (4663): 711-713.

Jermann, Jerry V., Dennis E. Lewarch, and Sarah K. Campbell

1975　Salvage Excavations at the Kersting Site (45-CL-21): A Preliminary Report. *University of Washington. Office of Public Archaeology. Reports in Highway Archaeology* 2. Seattle.

Lawrence, Donald, and Elisabeth Lawrence

1958　Bridge of the Gods Legend: Its Origin, History and Dating. Mazama 40 (13): 33-41. Portland, Oregon.

Leonhardy, Frank C., and David G. Rice

1970　A Proposed Culture Typology for the Lower Snake River Region. Northwest *Anthropological Resarch Notes* 4 (1): 1-29. Moscow, Idaho.

Loy, William G., Stuart Allen, Clyde P. Patton, and Robert D. Plank

1976　Atlas of Oregon. Eugene: University of Oregon Books.

Minor, Rick

1980　Further Archaeological Testing at the Skamokawa Site (45-WK-5), Wahkiakum County, Washington. *University of Washington. Office of Public Archaeology. Reconnaissance Reports* 36. Seattle.

1984　An Early Complex at the Mouth of the Columbia River. *Northwest Anthropological Notes* 18 (1): 1-22. Moscow, Idaho.

Murdy, Carson N., and Walter J. Wentz

1975　Artifacts from the Fanning Mound, Willamette Valley, Oregon. Pp. 349-374 in Archaeological Studies in the Willamette Valley, Oregon. C. Melvin Aikens, ed. *University of Oregon Anthropological Papers* 8. Eugene.

Newman, Thomas M.

1966　Cascadia Cave. *Occasional Papers of the Idaho State University Museum* 18. Pocatello.

Olsen, Thomas A.

1975　Baby Rock Shelter. Pp. 469-494 in Archaeological Studies in the Willamette Valley, Oregon. C. Melvin Aikens, ed. *University of Oregon Anthropological Papers* 8. Eugene.

Peterson, Marilyn S.

1978　Prehistoric Mobile Stone Sculpture of the Lower Columbia River Valley: A Preliminary Study in a Southern Northwest Coast Culture Subarea. Portland State University, Portland, Oregon.

Pettigrew, Richard M.

1977　A Prehistoric Culture Sequence in the Portland Basin of the Lower Columbia Valley. University of Oregon, Eugene.

1980　Archaeological Investigations at Hager's Grove, Salem, Oregon. *University of Oregon Anthropological Papers* 19. Eugene.

1981　A Prehistoric Culture Sequence in the Portland Basin of the Lower Columbia Valley. *University of Oregon Anthropological Papers* 22. Eugene.

Phebus, George E., and Robert M. Drucker

1975　Archaeological Investigations of the Northern Oregon Coast: A Brief Summary of the Smithsonian Sponsored Excavations in the Seaside Area with Comments on the Archaeological Resources of Western Clatsop County.

1990　Prehistoric Cultural of the Lower Columbia and Willamette Valley. *Handbook of North American Indians. -Northwest Coast-* vol.7: 518-529. Smithsonian Institution, Washington D.C.

Reckendorf, Frank F., and Roger B. Parsons

1966　Soil Development Over a Hearth in the Willamette Valley, Oregon. *Northwest Science* 40 (2): 46-55. Pullman, Washington.

Rice, David G.

1972　The Windust Phase in Lower Snake River Region Prehistory. *Washington State University. Laboratory of Anthropolory. Reports of Investigations* 50. Pullman, Washington.

Toepel, Kathryn Annne, and Rick Minor

1980　Archaeological Investigations at the Flanagan Site (35LA218): The 1978 Season. Eugene: University of Oregon, Department of Anthropology.

Tuohy, Donald R., and Alan L. Bryan

1958-1959　Southwestern Washington Archaeology: An Appraisal. *Tebiwa: Journal of the Idaho State University Museum* 2 (1): 27-58. Pocatello.

Wessen, Gary, and Richard D. Daugherty

1983　Archaeological Investigations at Vancouver Lake, Washington. Olumpia, Washington. : Western Heritage.

White, John R.

1975　A Proposed Typology of Willamette Valley Sites. Pp. 17-140 in Archaeological studies in the Willamette Valley, Oregon. C. Melvin Aikens, ed. *University of Oregon Anthropological Papers* 8. Eugene.

Woodward, John A.

1972　The Geertz Site: An Early Campsite in Western Oregon. Tebiwa: *Journal of the Idaho State University Museum* 15 (2): 55-62. Pocatello.

Woodward, John A., Carson N. Murdy, and Franklin Young

1975　Artifacts from the Fuller Mound, Willamette Valley, Oregon. Pp. 375-402 in Archaeological Studies in the Willamette Valley, Oregon. C. Melvin Aikens, ed. *University of Oregon Anthropological Papers* 8. Eugene.

◎関　俊彦

2006　「北米・コロンビア川下流域とウィラメット川流域の先史文化」『考古学論究』第11号　7～29頁　立正大学考古学会

エピローグ

カナダ北西海岸の都市にあって、バンクーバー島のビクトリア市や大陸側のバンクーバー市は、あまりにも有名で観光客も多い。

ここを四〇数年前に訪れた旅人にとり、街並みは写真で見た英国風に思えたが、記憶はうすらいでいる。

しかし、ビクトリア博物館やブリティッシュ・コロンビア大学の博物館にあった北西海岸の先住民の文化遺産の品々は、強烈なインパクトとともに頭に刻まれている。

それぞれが異彩を放っていた。

赤・黒・青といったきわだった色、ビーバーやワシを表現した彫り物は独特の趣きがあり、その前にたたずんでしまった。

人間模様が感じられる造形、そこには人々の文化や伝統、魂がメッセージを発信しているようである。これを理解するには知識の必要性を痛感した。

その後、コレクションの図録や先住民を紹介した写真集、本を数冊開いてみたが、実物に勝る立体感や迫力は伝わってこなかった。

帰国後、先住民への親近感が高まり、まず一八世紀から一九世紀の彼らについて書いた本を読むにつれ、ハイダ族やトリンギット族などの暮らしのイメージがふくらんできた。

人々が受け継いできた習俗や技、生活用具のなかには数百年、数千年前まで断片的にさかのぼれるモノがあった。そこで紀元前の世界へ飛込んでみた。さいわいにカナダ北西海岸の地形や植物相・動物相が大きく変わっておらず、ヒトやモノのルーツをさぐるうえに参考になろうと思った。

ただ南北に二〇〇〇余kmに及ぶうえ、入り組んだ海岸線と島々、海に迫る複雑な山の連なり、山や海に生きる物の多様さ、こまかく観察すれば千差万別である。

こんかいは、紀元前に生きた人たちが創り出したモノが、その地や周辺に波及したり、紀元後の人々へ変容しながらも伝えられ、あるいは途絶えたりしたかのあらすじを迫ってみた。

この地に根付いた居住者の歴史は、幾重《いくえ》にも堆積しており、まだ一瞬を見たにすぎない。ただいえることは、北西海岸域に暮らした北や南の地の人々は、ずっと遠い時代から海・川・山・生き物・自然界とともに生き、親しみ・畏敬《いけい》の念をもった《海の民》だった。

カナダシリーズが続刊できるのは、ブリティッシュ・コロンビア大学の名誉教授リチャード・ピアソン氏に招かれて各地を歩き、これがきっかけで北西海岸の地や先住民に好奇心をもったからである。

本書の出版にいつもご支援下さっているカンボジア大学総長で、NPO法人国際縄文学協会の半田晴久会長、六一書房の八木環一・唯史の両氏、校正者の渡辺利子氏、光写真印刷株式会社の惟村唯博氏、編集の菊澤稔氏、文献のコピーに協力されたカナダとアメリカの研究者らに謝意を表したい。

索 引

エ

オ

カ

ク

キ

ケ

コ

⑸ バーンズ遺跡
⑸ デビッドソン遺跡
⑸ リンチ遺跡
⑸ スパーランド・マウンド遺跡
⑹ リンゴ遺跡
⑹ バージン・ランチ・マウンド遺跡
⑹ ベンジャミン遺跡
⑹ スミスフィールド・マウンド遺跡
⑹ カーク・パーク遺跡
⑹ フラナガン遺跡
⑹ ビーブ遺跡
⑹ ハード遺跡
⑹ モホーク・リバー・クロービス遺跡
⑹ ハルバーソン遺跡
⑺ ハナバン・クリーク遺跡
⑺ パーキンズ・ペニンスラ遺跡
⑺ ロング・トム遺跡
⑺ インディアン・リッジ遺跡
⑺ ブラッドレー・モーン遺跡
⑺ ラルストン遺跡
⑺ サーデン・コンフルエンス遺跡
⑺ フォール・クリーク遺跡
⑺ 35LA70遺跡
⑺ シモンズ遺跡
⑻ 35LA92遺跡
⑻ 35LA118遺跡
⑻ ベビー岩陰
⒆ 45SA12遺跡
⒇ 45SA19遺跡
(31) 45SA13遺跡
(32) コプリン遺跡
(33) リヨン遺跡
(34) メリーベル遺跡
(35) ダグラス遺跡
(36) ビショップブリック遺跡
(37) レディ・アイランド遺跡
(38) ブルー・レーク遺跡
(39) ギアーツ遺跡
(40) サンディ遺跡
(41) モスタル・ビレッジ遺跡
(42) フェルディマー遺跡
(43) スコギンズ・クリーク遺跡
(44) フラー・マウンド遺跡
(45) ファニング・マウンド遺跡
(46) ハガーズ・グローブ遺跡
(47) ラッキアミュート・ハース遺跡
(48) テンプルトン（タンジェント）遺跡
(49) レバノン遺跡
(50) カスカディア洞穴
(51) ハルゼー・マウンド遺跡
(52) ティドビッツ遺跡
(53) クロップ遺跡
(54) ミラー・ファーム遺跡
(55) シムロック遺跡

セ

ス

ツ

テ

ト

チ

ニ

ヌ

ネ

ノ

ナ

ヒ

ハ

へ

フ

ホ

マ

ヤ

ユ

ミ

ム

メ

モ

ル

レ

ロ

ヨ

ラ

リ

ワ

Archaeology Square 9

カナダ　北西海岸の先史時代

二〇二一年三月十五日　第一刷発行

著者　関　俊彦
デザイン　菊澤　稔
発行者　八木唯史
発行所　株式会社 六一書房
〒一〇一―〇〇五一　東京都千代田区神田神保町二―二―二二
Tel : 03 (5213) 6161　Fax : 03 (5213) 6160
https://www.book61.co.jp　Email：info@book61.co.jp
振替：00160-7-35346
印刷・製本　光写真印刷株式会社
〒一四六―〇〇九二　東京都大田区下丸子二―一二四―一六
Tel : 03 (3758) 7788　Fax : 03 (3758) 7787

ISBN 978-4-86445-144-4　C0039　